LAST HOPE

今、〝一厘の仕組み〟が発動！　お金のいらない愛の世界へ

白鳥　哲

VOICE

LAST HOPE

はじめに

今から4年前の2020年1月29日、インドでの映画『祈り』の上映と講演を終えて成田空港に着いたとき、これまでの渡航とは違う安堵感がありました。なぜなら、当時は新型のコロナウイルス（Covid 19）が広がりはじめた頃であり、帰国が危ぶまれていたからです。

思い返せば、2020年という年は怒濤（どとう）の日々でした。2月には感染者が増えはじめ死者が出て、以降は学校が休校になり、卒業式も入学式もなくなり、飲食店への休業要請なども出て、世界各地でロックダウンがはじまり大騒ぎになっていったからです。

そのような状況の中、以前の真面目な私だったら、当時、話題になった言葉、〝マスク警察（マスクをしない人を注意する人）〟にでもなっていたかもしれません。

しかし、2020年3月、元自衛隊陸将補の池田整治氏の取材を経て、映画『LAST HOPE～マインドコントロールを解き放つとき～』の制作で真実を探求しはじめた私は、そうなることもありませんでした。

これまで、私は常々、「どうすれば地球を守れるか？」と考えてきました。

なぜなら、私は幼い頃から地球に興味があり、お小遣いを貯めて地球の写真集を購入したり、宇宙から見た地球を描く本を眺めたりするなど、地球というものに心を奪われ、夢中になっていたからです。

後に、ラピスラズリという石と出会った時に、その美しさが地球の色と重なり合って、まさに、地球は宝石のような奇跡の惑星であると思ったのです。

この思いは今でも変わらず、常に、「どうすれば地球を破壊せずに蘇生できるか？」と考えています。

そして、その思いを形にしたのが２０１２年からスタートした「地球蘇生プロジェクト」であり、これまで８つのカテゴリーに分けて映画を制作してきました。

❶環境……映画『蘇生』『蘇生Ⅱ』『ゼロ・ウェイストPLUS』他短編5作品

❷食……映画『不食の時代』他短編2作品

❸エネルギー・技術……短編3作品

❹経済……短編3作品

❺医療……映画『祈り』『リーディング』『ストーンエイジ』他2作品

❻教育……映画『魂の教育』他短編4作品

❼税・社会保障……短編3作品

❽防衛・外交……映画『ルーツ』

この中で、未着手の分野が「防衛・外交」でした。

そんな中、2020年にヤマト・ユダヤ友好協会会長である赤塚高仁氏にご出演いただいて映画『ルーツ』を発表しましたが、この分野には、もう1人のキーパーソンが必要だと思っていました。

私が映画を語るとき、外せないのが経営界の第一人者、故船井（ふない）幸雄氏です。

船井氏との出会いがあったからこそ、『ストーンエイジ』『魂の教育』『祈り』

『LAST HOPE』撮影時の池田整治氏と筆者

『リーディング』が生まれたからです。今回の『LAST HOPE』にご登場いただいた池田整治氏も船井氏を介して知り合うことになりました。

池田氏と初めてお会いしたのは、約10年前。ある会で食事をする機会に恵まれました。

彼にお会いした際、私の中で深い共鳴が起き、彼の人格の高潔さや誠実さを感じて、「この方を取材したい！」と思ったのです。

それから池田氏とは、工学博士の増川いづみ女史が主催された講演会でお会いするたびに、そのお人柄に心打たれたのでした。

池田氏の著書を拝読して以降、持続可能な地球社会を維持していくために必要な「防衛」、そして「外交」に対して、どのように表現すべきかと企画を温めていました。

そして２０２０年、いよいよ取材をスタートさせるために池田氏へオファーをかけたのです。

この時点でのタイトルは、『マインドコントロール（仮題）』。企画書には「命よりも経済を重視する社会、日本はなぜ利益追従に必死なのか？」とありました。

実はこの時、まだ私は知らないことがたくさんあったのです。

しかし、取材でさまざまな事実と向き合うことで、愕然（がくぜん）としたのです。

それは、「自衛隊は日本を守っているわけではなかった」、ということ。

東京上空は「横田空域」と呼ばれ、自衛隊機は自由に飛び回れず、民間機もある高度以外は飛べません。自由に飛び回れるのはアメリカ軍機のみです。

調べると岩国空域、嘉手納空域など日本の領空において、自衛隊機が自由に飛べるのはほぼ沿岸部で、それ以外は自由に飛び回れないのです。

なぜなら、制空権がないから。つまり、日本に主権はなく、日本は治外法権下の植民地なのです。

これまでも、日本に主権がないことは薄々知っていましたが、それがどのような意味を持つのかを考えたことはありませんでした。けれども、池田氏から真実を聞かされ、水を浴びせられた思いがしました。

そして同時に、今の社会に甘んじていた自分が恥ずかしく思えたのです。

かつて、私は高校時代にアメリカでホームステイをした経験があります。当時の日本はバブル全盛期で、日本製品がアメリカの街を覆い、日本がアメリカ全土を買うのでは？と思えるような時代でした。

そんな当時は、アメリカの豊かさ、自由さにあこがれと敬意すら感じたものです。

その後、明治学院大学に進学した私は、国際学部に進学した自負もあり、自身もグローバル主義を目指すべきであり、いずれ、国連のような組織に入ることで世界に貢献できるんだ、などと考えていました。

そして、「アメリカは日本を守ってくれる」と、固く信じていたのです。

しかしそれは、実は間違った洗脳だったのではないか？　と気づいたのです。

すべてが一瞬にして崩れた瞬間でした。

実際に池田氏から聞く真実は、本を通して知る以上の真実味がありました。

その後、さらに明らかになったのが、コロナウイルスについての真実です。

冒頭でお話しした通り、2020年初頭はインド渡航中であり、当初は状況がつかめずコロナについて騒がれている内容もよく理解できませんでした。

その後、乗り遅れた形で知識を得たわけですが、メディアなどでコメンテーターたちが語る内容は何とも不自然で、正直ついていけませんでした。

その大きな理由は、自然免疫の話が出てこなかったことです。

通常、感染症は、自然に免疫力が高まって消滅していきます。

しかし、どういう訳か、マスメディアは感染症の専門家ばかりを出演させて、免疫の専門家は登場させず、恐怖ばかりを煽るように感じられました。

特に疑問を感じたのは、ＰＣＲ検査を指標としたことです。

ＰＣＲ検査とは一言で説明すると、「ウイルスや細菌の遺伝子を増幅させて、ごく僅かに存在する痕跡を発見する検査法」です。

ＰＣＲ検査は感染症の指標になりません。これを指標にすると、実際の感染者ではない人々が検査をすればするほど「感染者」になるからです。

不自然すぎる情報が報道されていることに、何か異様なものを感じました。

そして、治験中のワクチンの接種が〝努力義務〟になりました。職場によっては半ば強制的になり、打たなければ仕事を失うようなケースにも発展しました。

マスメディアや公共機関の情報には不自然さが際立っていましたが、それは逆に、池田氏から伺ったお話の真実味を帯びさせていきました。

「マインドコントロール」の真実が浮かび上がってきたのです。

その後、取材を重ねるうちに、人類規模でマインドコントロールがされているとしか思えなくなったのです。

なぜ？　誰が？　何のために？

そのうちに、人類を支配する産業構造の全容が浮かび上がってきました。

また、報道されない事実が見えはじめ、伝えなければ……という思いにも駆られました。

しかし、こうした情報は、大手メディアしか触れる機会がない人にはまったくといっていいほど理解してもらえない。どうすればいいのだろう……。私にとって苦悩の3年がはじまりました。

映画制作は、資金面を含め、毎回、産みの苦しみを味わいます。

『LAST HOPE』の場合は、2022年10月、『マインドコントロール

（仮題）』として制作をスタートした途端に、大きな壁にぶち当たりました。

「次の映画は『マインドコントロール』です」と、オンラインサロン「恩送りコミュニティ」で初めて制作を発表した時のこと。

恩送りコミュニティには、地球蘇生プロジェクト設立の頃から映画制作を応援してくださる方も多いのです。

私にとっては、彼らは良き理解者であり、同胞のようなメンバーですが、発表した途端に拒絶感や困惑、不安、心配を抱く人たちが続出しました。

私自身、予想もしなかったその反応に深く傷つき、落ち込みました。

私のことを一番認めてくれている仲間だと思っていたからこそショックもひとしおであり、この発表後、ダメージが身体に現れました。

1週間くらい経った頃から脇の下にしこりができはじめ、皮膚膿瘍（のうよう）になってしまったのです。

身体的ダメージは、「私の選択の間違いから出現したものではないか？」と自問し、「この映画は作ってはいけないのではないか？」とさえ思えました。

私は強い人間ではないので、「やめようか、今なら引き返せる」とも思いました。

けれども、そんな日々の中で身体を労わり、自分が覚えた感情を愛し尽くすことにしました。

そして、脇の下にできた膿瘍と向き合いながら自分の感情に気づいたのです。

「傷ついた」ことを認めようと。

発表した時に感じた「拒絶されて苦しかった」「（傷が）痛かった」などの感情を認めて肯定していったのです。そして、そのことを赦（ゆる）したのです。

すると、皮膚膿瘍は回復していきました。

そして、気づいたのです。

「真実を伝えよう」、と。真実を伝えて気づいた人々から最後の希望がはじまるのだから。

こうして、LAST HOPE（ラストホープ）に向けて不退転の決意をし、タイトルも、『マインドコントロール』から『LAST HOPE』へと変更したのです。

今回、読者の皆さまには、私が体験してきた真実への気づきの道のりを共に体感していただきたいと思います。

それは多くの人にとっては、もうすでに知っている事象かもしれません。ですが、ここで、共に追体験していただきながら、その背景にあるものに思いを馳(は)せてお読みいただければ幸いです。

白鳥 哲

目次

第3章 パンデミック以降の計画について

第4章 魂の永遠性に気づき愛を基盤にした社会へ ――〝恩送り〟という生き方

第5章

新しい地球のための経済とコミュニティのはじまり
——メルマガ「白い鳥からのお便り」から

第6章

大和心が地球を救う

第7章 地球が優良星に向かうために

第1章　変わりゆく世界の現状

地球環境の崩壊と人心の荒廃

２０２３年７月４日、地球の平均気温が17・８度という過去最高を記録しました。海水温も上がり、８月には日本の三陸沖で平年差10度も高い海水温が観測されました。

山火事も世界各地で起き、２０２３年のカナダでは８月までで千か所以上、東京ドーム３万個分の山が火事になったと報告されています。

カリフォルニア州では２０２３年８月の数週間で４５０件もの山火事が起きました。

カナダやアメリカだけではなく、ギリシャ、オーストラリアなどをはじめ、世界中で山火事は増加しており、自然災害と見られる多くの災害には、放火などの人災も含まれています。

これが現在の地球の状況です。

そして、地球環境の悪化と同時に深刻なのが人心の荒廃です。

例えば、カリフォルニア州では９５０ドル（約15万円）以下の窃盗は逮捕しないという法律ができました。

これによって各地で店舗での万引きや強盗が多発しているため、大きな都市でも多くの店舗はすでに店を閉め、シャッターストリートのようになっている場所が増えています。

かつて栄えていた通りは、ここ数年で急増したホームレスたちの住処（すみか）となってしまい、また、受け入れ体制のない移民問題や高まる人種差別問題などにも悩まされています。

このように危険度が増す中、人々はより自衛のための拳銃も持ちはじめているようです。

さらには、店舗での買い物ができなくなった人々は、通販に切り替えているようですが、今度は宅配便などの配達員が強盗に襲われたり、家の前に配送されたものが盗まれたり、という事態にまで発展しています。

アメリカだけを見ても、まさに〝異常〟と言っていい事態が起きています。
そう思うのは私だけでしょうか？
人心の荒廃の原因の根本には何があるのでしょうか？
その背景には、産業構造の在り方があると思っています。

それは、「お金がすべてである」ということ。
今の産業構造は、誰もがお金を得たいがために生き、お金を多く得た者が成功者で、それ以外は落伍者という図式です。生活が困窮すれば、誰しも不満や怒りがあふれてくるのは、当たり前。

さらには、地球環境による影響が過激になると、より不満や不安、怒りなどのネガティブな感情が表に炙(あぶ)り出されていくのです。

そういった人々の感情を加速度的に爆発させていく構造が、現在の経済システムにあるのです。


現在の経済システムは、ゼロサムです。

必ず、一部の富める存在を大多数の貧しい者が支える構造となっており、貧しい者たちは少しでも豊かになろうと奪い合い、競い合い続けることで成立しているのです。


では、その一部の富める者とは誰？

このシステムを管理運営している者たち、さらにこのシステムを支えることで恩恵を受ける者、その恩恵に依存する者たちが、永続的に利潤を得ているのです。

そして、それ以外の大多数は、このシステムの重荷を負い続ける他、道がないという構造です。

私たち庶民は、民主的に選ばれた国の為政者が生活、幸福を維持してくれると考えています。

しかし、国家ですらも企業体として米国証券取引所に登録されていることを考えると、果たして、国の為政者たちは本当に国民のために国家を維持、運営しようとしているのでしょうか？

逆に、国民の労働力を資本として売り渡すこともできる法的根拠を持たせているとしか思えません。

国家も米国証券取引所に登録されているという構造が、長い年月をかけて構築されてきました。

それは、貨幣の発行権、それを管理するシステム、それを守るために作られた法律です。

そろそろこの構造に気づいて、そこから離れ、良心に従った生き方、社会の在り方へシフトさせるときが訪れている。

そのためにも、真実を知らなければならない。

真実を伝えて、それに気づく人々から最後の希望がはじまる……。

そんな思いから、『LAST HOPE～マインドコントロールを解き放つとき～』の取材を重ねていきました。

この映画には、池田整治氏をはじめ、国際ジャーナリストの中丸薫氏、ベンジャミン・フルフォード氏、医師の矢作直樹先生、高橋徳先生、杉本一朗先生を取材させていただき、ご著書などからも多くのことを学ばせていただきました。

ありがとうございました。この場をお借りしてお礼申し上げます。

本著では、私なりに咀嚼(そしゃく)した内容をご紹介させていただきます。

映画『LAST HOPE～マインドコントロールを解き放つとき～』

これまで私は、地球上のすべてのいのちが共存共栄し、持続可能の状態で循環していく世界はどのようにすれば実現可能なのか？　をテーマに映画制作をしてきました。この地球上のすべてのいのち……、ここでいう「いのち」とは人間だけではなく、文字通りすべてのいのちのことです。

私は、地球蘇生プロジェクトのビジョンに沿って、夢中になって映画を創ってきました。

今回の『LAST HOPE』は33作品目となりましたが、これで最後の映画制作になるのか、との思いにさいなまれた作品でした。

先述の通り、未着手だった防衛・外交の分野を描く上で取材したかった、作家で元陸上自衛隊陸将補の池田整治氏の取材からスタートしました。

池田氏は、1990年代に発生したサリン事件の際、陸上自衛隊陸将補としてオペレーションを担当されていました。これは、サリン事件は、国際問題を孕(はら)んだ案件だったからとのこと。

警察では手に負えない案件だったので、自衛隊から派遣されたのが池田氏だったのです。

サリン事件はオウム真理教が起こしたとして知られていますが、その真実は、北朝鮮による工作活動が中心にあったにもかかわらず、この問題は、オウム真理教が主犯として裁かれることになったとのこと。

なぜ、そんな重大な真実が隠されたのでしょうか?

池田氏はこれを追究する過程で、最終的に日本に主権がないことに気づきます。先述の通り、東京都をはじめ、一都八県の空域は、横田空域と呼ばれ自衛隊機は飛べません。民間航空機もある高度しか飛べないのです。

自由に飛べるのは、米軍機のみ。だから、この空域で起きた米国人による犯罪は日本の法律も通用せず警察も立ち入れないのです。つまり、日本の領空のほとんどは、アメリカの管理下にあるのです。

親米国であるイラク政権でも、このようなことはありませんでした。国の主権にとって重要な制空権が日本国にはなくアメリカにあるのです。治外法権下にあるのです。

制空権はその国の支配権を持つことと同じなので、日本はアメリカの植民地なのです。

制空権のことは周知の事実だ、という方も多いでしょう。

ですが、この事実は何を意味しているのでしょうか？

私はこれまで、この問題に目を伏せていました。「アメリカが守ってくれるのだから、日本人は我慢すべき」などと思っていました。

ですが、そこには思考停止を余儀なくされる洗脳があることに気づいたのです。

2020年に新型コロナウイルスのパンデミックが起きるまでは、そして、池田氏を取材するまでは、このようなことには、ほとんど見向きもしなかったのです。

しかし、そこには重大な意味があったのです。

『LAST HOPE』撮影中の一コマ

映画『LAST HOPE ～マインドコントロールを解き放つとき～』ポスター画

第2章 世界の裏のからくりの歴史と真実

日米地位協定　～日本はアメリカの植民地だった～

「日本はアメリカが守ってくれる」
「アメリカは民主国家だから」
「オトモダチだから、日本のために尽くしてくれる」

知らないうちにそう信じていて、疑問を抱くことすらタブー視してしまう。

ここから脱却するのに、しばしの時間がかかりました。しかし、これが意味することを理解しないと、今回のパンデミックがなぜ起きたのかも理解できないのです。

また、この先にあるさまざまな計画についても盲目的に従うことになり、財産だけでなく主義、主張、大切な自由意志ですらも奪われることになるのです。

これは私個人に留まらず、日本国民にとって重要だと思えました。

そもそも、「日米地位協定」とは何でしょうか?

1960年に締結されたこの協定の正式名称は、「日本国とアメリカ合衆国との間の相互協力及び安全保障条約第6条にもとづく施設及び区域並びに日本国における合衆国軍隊の地位に関する協定（Japan Status of Forces Agreement；SOFA)」です。

これは、1960年の日米安保条約改定とともに、同年に日本とアメリカとの間で締結された協定で、一言で説明すると、在日米軍が日本国内で円滑な活動をするためにアメリカ側に特別な権利を定めた協定です。

この協定では、「日本のどこでも、いつでも米軍の欲する部隊を運用する自由」が定められており、その内容は国会で報告義務がないことが決められています。また、国会の審議を通る必要もなく、日本の政治家には実質的権限がありません。これまで、その構造に気づいて、日本の主権を取り戻そうとした総理大臣がいましたが、失脚しています。

橋本龍太郎元総理もその1人です。

橋本元総理は、アメリカに対して独立的な立場で、アメリカの借金である国債を売ろうとしました。しかし、そのことに圧力がかかったようです。結果的に健康を理由に政界を引退して亡くなりました。

他にも、中川昭一元財務大臣、竹下登元内閣総理大臣、数多くの政治家が日本の真の独立を目指そうとしましたが、スキャンダルや健康問題などさまざまな理由で失脚していきました。

池田氏は、日本の国政は「植民地の代官が行政を行っている」とおっしゃっています。

主要な行政官（政治家）は、アメリカからの要請に対して従わないといけない構造なのです。
その方法は、脅迫、洗脳、賄賂を通して行われている……。
結局、お金なのです。

お金は誰が作る？

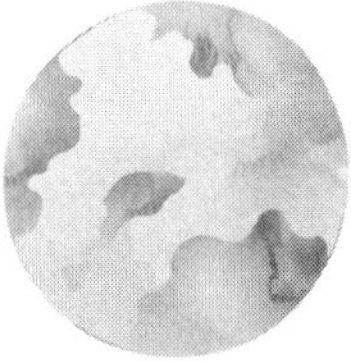

政治は、お金に動かされている。
誰もがそう思っているのではないでしょうか？
でも、本当は強大な資本力を持つ存在に従い、すべてを黙認しているだけなのではないでしょうか？

お金は、そもそも誰が作っている？

日本の法定通貨は、日本銀行（以下、日銀）が発行しており、民間の法人として存在しています。

日銀は特殊な法人で、資本金は1億円。その55パーセントが日本政府の出資ですが、残りの45パーセントは民間の出資で、出資元は公開されていません。

その大元に関わっているのが国際銀行家だといわれています。日本政府はこの特殊法人に利子をつけて返済しているのです。つまり、国民の税金は最終的にこの法人を通じて特定の個人へ流れるのです。

では、日本銀行の持ち主は誰なのかと言えば、非公開ではあるものの、国際銀行家が所有しているとのこと。国民の税金は彼らのもとへ流れる仕組みになっています。

この仕組みを紐解く（ひもとく）には、中央銀行のネットワークが生まれる前から見ていく必要があります。

さかのぼること古代バビロニア時代（BC19世紀頃）、フェニキア人は貴族から金を預かる仕事をしており、金を預かる際には預かり証を発行していたものの、預かり証の発行を繰り返すうちに、あることに気づいたのです。

それは、預かり証自体を預ける側の「信用」によって創造できるということ。

つまり、何も持たずとも預かり証の発行は可能であり、いくらでも儲(もう)けられることに気づいたのです。

これが「信用創造」です。

中でも優秀だったのが「デル・バンコ」一族で、英語の銀行を意味する「BANK」の由来ともいわれています。

そのうちに、信用創造で利潤を得ることは、常に虐げられてきたある民族にとって生きる糧となりました。

それがユダヤ民族です。

ユダヤ民族については、『LAST HOPE』と同じカテゴリーである「防衛・外交」の作品、『ルーツ～ヤマトとユダヤが手を合わすとき～』で学びましたが、ここで更なる一面を知ることになりました。

かつて、ユダヤの民は、2千年前にマサダと呼ばれる要塞で集団自決を図った後、その生き残りが世界各地へ散っていきました。それが、古代から続くスファラディ系ユダヤ人です。

その後、ハザール・カガン帝国がユダヤ教を国教とし、ユダヤ教に改宗して広がったアシュケナージ系ユ

ユダヤ人とヤマト人の関係を描いた2020年公開の映画
『ルーツ～ヤマトとユダヤが手を合わすとき～』

ダヤ人やミズラホと呼ばれるユダヤ人など、世界各地にユダヤ人は広がっていきました。

アシュケナージ系ユダヤ人の一部は古銭商として活躍し、中でもマイヤー・アムシェル・ロスチャイルド氏は、「貨幣の発行権さえ握れば、どんな貴族や王族よりも上になれる」と気づいたのです。

ロスチャイルド氏は、5人の息子をヨーロッパ各地に派遣して、各地で不満を抱いた者たちに呼びかけ、新たな国家を創る資金と武器を与え勝利させました。

そして、新しい国家には中央銀行を創らせ、貨幣の発行権だけを得ていったのです。近代国家の創立者たちは、直接的に政治に関与しない彼ら国際銀行家に発行権を与えました。

フランス、イギリス、ドイツ、オーストリアなど、ほとんどの近代国家設立時に作られた中央銀行設立の陰には必ず彼ら一族がいたのです。

アメリカの歴史

日本を植民地化するアメリカ合衆国も、実際は国際銀行家に支配されています。イギリスから独立を図ろうとしたきっかけの1つに、貨幣の発行権をめぐる対立もありました。

アメリカ建国の父であるベンジャミン・フランクリンには、次の言葉があります。

「貨幣を操作する魔の手から人々を解放する誠実な貨幣制度の運用をジョージ3世が植民地に赦さなかったことが、おそらく革命の大きな原因だ」〈書籍『ウブントゥ』著者：マイケル・テリンジャー、訳：田元明日菜（ヒカルランド）より〉

独立戦争は、ジョージ3世の統治下での通貨法を巡る争いから勃発しました。民間銀行だったイングランド銀行が発行する銀行券（ポンド）を利子付きで発行することにより、国民の富を吸い上げるからくりに気づいたのでした。

第3代アメリカ合衆国元大統領のトーマス・ジェファーソンは、次の言葉を遺しています。

「私は銀行という組織が常備軍より危険であると信じています。もし、国民が民間銀行による通貨発行の支配を許せば、銀行と銀行のすぐ側で繁栄する企業がインフレ・デフレを起こし、国民からすべての財産を奪うでしょう。それは、子どもたちが父親から勝ち取った大陸でホームレスになるまで続きます。通貨発行権を銀行から取り上げ、本来あるべき人民の手に戻さなければなりません」

ジェファーソンは貨幣の発行権を渡すことが、自分たちの財産や名誉、命すらも手放すことであると理解していたのです。国際銀行家の巧妙な手口は次の言葉からもわかります。

「銀行家は不義に宿り、罪の中に生まれた銀行家たちは地球を我が物にしているのだ。彼らから地球を取り上げたとしても預金を作り出す力を残しておけばペンを動かすだけで、再び地球を買い戻すのに十分な量の預金を作り出すことができる。しかし、その力を取り上げれば、巨万の富は私が所有する分も含めて、ことごとく消え去り彼らもまた消えざるを得なくなるだろう。それでももし、あなたが銀行家の奴隷であることを望み、その代償を払いたいのであれば、銀行家に預金を創り続けさせておけばよい」（ジョサイア・スタンプ卿）〈書籍『ウブントゥ』（ヒカルランド）より〉

国際銀行家は、合理的にお金に依存させるという考え方で地位を確立したのです。そして、そのために分断を作って煽り、対立する両者に兵器と膨大な資金を与えながら漁夫の利を得続ける構造を作ったのです。

フランス革命もロシア革命も、王族による抑圧から新しい国家を作らせ、その代わりに貨幣の発行権を握ることを画策したのが国際銀行家でした。

1791年、アメリカ合衆国では、第一合衆国銀行がロスチャイルド家により設立されました。

マイヤー・アムシェル・ロスチャイルドの「私が国の貨幣を発行し管理するなら、誰が法律を作ろうとかまわない」という言葉からも、各国の中央銀行を支配してきた意味が明白に伝わってきます。

一方で、国際銀行家の支配構造に気づき、反旗を翻した人々もいました。通貨の発行権を民衆の手で握ろうとした大統領たちです。

それが、ジャクソン、リンカーン、ケネディ元大統領たちです。

アンドリュー・ジャクソン元大統領は、1832年に銀行の排除を打ち出します。

彼は、国際銀行家が生み出した国債の債務を完済させた唯一の大統領で、国際銀行家から貨幣の発行権を民衆の手で取り戻そうとして、暗殺未遂に巻きこまれました。

以降も、国際銀行家や彼らが集う秘密結社による支配構造に気づき、声高に発言したのが、リンカーン元大統領です。

南部連合がアメリカから独立宣言した際、戦費を借金させることで大儲けしようとした国際銀行家が、南部を連邦に復帰させる資金提供の申し出をします。しかし、リンカーンはこれを拒否し「グリーンバック」と呼ばれる政府通貨の発行を進めます。

彼は、民間銀行から30パーセントの融資に応じる代わりにグリーンバックの発行を決定します。

１８７２年に国際銀行家はアメリカ全土に次の手紙を送り、リンカーンの政府発行紙幣に反対する新聞に資金提供するように促しました。

グリーンバック紙幣の発行に反対する著名な日刊紙や週刊誌を維持するために、貴行が尽力することが望まれます。そして、政府発行に異を唱える意志のないすべての顧客からの応援や便宜は、その受け入れを差し控えることが賢明でしょう。再び、政府紙幣を流通させることは国民に資金供給することであり、従って銀行家および貸金業者である貴殿方個人の利益に重大な影響を及ぼすことになります。〈書籍『ウブントゥ』（ヒカルランド）より〉

この手紙を受け取った新聞各社や銀行は、政府発行通貨を止める動きをしますが、その際の国際銀行家の本音が次の言葉に表れています。

「いかなる期間であっても、俗にいうグリーンバックを通貨として流通させることは好ましくない。我々のコントロールが利かないからだ」（リン・ウィラー）

国際銀行家は、貨幣が支配と奴隷化の完璧な道具であり、合理的に人々を隷属させる奴隷制を広める道具であることを理解していたのです。

「自由」や「民主主義」というスローガンを掲げれば人々が盲目になることを利用し、コントロールしていたのが国際銀行家だったのです。

戦争によっておそらく奴隷制は廃止され、人間が奴隷を資産として所有する仕組みは崩壊するだろう。ヨーロッパの友人と私はこれを好ましく思う。というのも奴隷制はあくまでも労働力の所有であり、労働者への配慮を伴うからだ。一方イギリスが主導するヨーロッパの計画は、資本が賃金をコントロールすることで労働力を支配することである。これは貨幣を支配することによって可能となる。〈リン・ウィラー著『フルトクラシーの勝利』より〉

国際銀行家の基本的な考えはこの言葉にあり、発行権は最も支配に必要な権利なのです。

このようにして、人々を分断させ対立させせることで、「金持ちはより金持ちになり、貧乏人はますます赤ん坊を生む」ようになっていきます。

人類を支配する完璧な道具としてお金を利用するのが国際銀行家なのです。

そして、その構造から貨幣の発行権を民衆の手に戻そうとしたエイブラハム・リンカーンは後に暗殺されます。

また、国際銀行家を擁護する法律が各国で作られ、その法律を維持する裁判所、裁判官に守られながら、この仕組みが強固になっていきました。

アメリカの司法制度には連邦レベル、州レベルにおいても、どこの国にも属さない独立した国家を超えた機関「クラウン」が関与しています。その本部は英国の「シティ・オブ・ロンドン」にあり、主権を有する独立した行政区でもあるのです。

同様に、バチカンやワシントンDCなどにもありますが、このシティ・オブ・ロンドンで世界のほとんどの国の法律、金融政策が決定されています。

シティにあるテンプル教会は司法のトップであり、シティ・オブ・ロンドンの金融本部であらゆる正当な法的管轄外にあり、アメリカの連邦準備制度（ＦＥＤ）と同様に政府や権力者はこの教会に対して統制力を持たないのです。テンプル教会も国際銀行家たちが支配しました。

こうして、１９１３年にアメリカの通貨を発行するアメリカ連邦準備制度理事会（ＦＲＢ）が創設されます。ここで発行されるものは連邦準備券として、米国財務省に貸し出されます。

つまり、ドル紙幣は、Ｂｉｌｌ（紙幣）ではなくＮｏｔｅ（借用書）です。利子をつけて返す借用書がドルなのです。そして、返す先は国際銀行家による民間法人なのです。

国際銀行家たちは、とりわけ、軍需産業に膨大な投資を行い、利益を得続けてきました。ドルの発行権の持ち主は無尽蔵に発行し続け、このシステムを維持する情報、エネルギー、食のコントロールを通じて永続的に利潤を得続けられるようになったのです。

その持ち主とはロスチャイルド家、ロックフェラー家、モルガン家、シフ家、ウォーバーグ家など。その他、一握りの一族が地球上の貨幣制度を支配しているのです。その姿は、表向きは財団という形で、その痕跡を残さないように細心の注意が払われています。

１９６３年６月、ジョン・Ｆ・ケネディ元大統領は大統領令１１１１０号に署名します。これはアメリカ財務省に新しい政府紙幣の発行を支持する内容でした。45億ドルの政府紙幣が市中に出回り、ＦＲＢが発行する連邦準備券の利払いによる収入が減少しますが、その5か月後、彼はテキサス州ダラスで暗殺されました。

政府紙幣は即座に回収され破棄されたのでした。ここにも国際銀行家の思惑が見え隠れします。

ＣＩＡ（中央情報局）やＦＢＩ（連邦捜査局）、ＮＳＡ（国家安全保障局）、ＤＩＡ（国防情報局）、ＮＲＯ（国家偵察局）などアメリカに15ある諜報機関は、大統領の指揮系統とは別の背景にある国際銀行家たちの意向が働いています。

特にＣＩＡの工作活動は、軍産複合体の利益に叶う工作活動をするために国際レベルで動いています。大手メディアもこうした勢力の一部であり、さまざまなプロパガンダに利用されています。

これらの諜報機関は、国際銀行家たちからの資金を元手に工作活動を行います。

要するに、アメリカもとっくの昔に乗っ取られているのです。

では、お金は、いつ、どのような仕組みではじまったのでしょうか？

信用創造とは？

古代バビロニアに起源を持つフェニキア人のことを、もう少しお話ししておきましょう。

彼らは古代ローマ時代から地中海貿易で成功し、イタリアにベニスという都市を創りましたが、彼らは金細工師を兼ねていたので大量の金を保管していました。

当時の貴族や商人たちは、自分で保管するよりもフェニキア人に預けた方が安全だと考え、彼らに金を預けていたのです。

その際に「金地銀預かり証」が発行され、やがて、その預かり証が普及します。これが「お金」になっていくのですが、やがて、信用さえあれば価値を創造できる「信用創造」となり、実際に保有する金貨の何百倍もの預かり証を発行するようになります。そして、金利、手数料で莫大な利益を得るようになったのです。

貨幣の預かり証を発行する権利さえあれば、わずかな量の金が信用によっていくらでも創造されるのです。ちなみに、現在の日本の資金準備高は0・8パーセントで、実際持っているお金の125倍を貸し出せるようになっています。

この制度を活用した一族には、後に「黒の貴族」と呼ばれるオルシーニ家を頂点に置く9つの一族があり、その中でもデル・バンコ一族はヨーロッパ人と融合してローマ教皇やローマ皇帝を輩出し、バチカンを管理するようになりました。

アシュケナージ系ユダヤ人も、この貨幣制度の旨味を享受するようになりました。マサダで集団自決を図ったユダヤ人の生き残りは世界各地に広がり、9世紀にはハザール・カガン王国がユダヤ教を国教とし栄えていました。その後、キエフ・ルーシの大公スヴャトスラフ1世の遠征でハザール王国が滅ぼされると、ユダヤ人はヨーロッパに西進し、貨幣の力を利用するようになります。

現在の金融資本主義を世界に広めたマイヤー・アムシェル・ロスチャイルド氏が、その1人です。

彼は5人の息子をヨーロッパ各地に派遣し、戦争の火種になるものを探らせると、そこに資金と武器を大量に与え、戦争や革命を起こさせます。これによって、世界各地の近代国家が成立していきました。

フランス、イギリス、オーストリア、ドイツなどで各地の不満分子に火をつけ、恐怖心、猜疑(さいぎ)心を操り紛争を起こし、王族、為政者と連携して戦争ビジネスで利潤を得、彼らは金融資本を確立していったのです。

ロスチャイルド夫人は、「私の息子たちが望まなければ戦争は起きない」と語っていたほどです。

このように、戦争の背景には常に国際銀行家がいて、彼らは秘密結社であるフリーメイソンを通じて、さまざまな計画を進めていきます。

ロスチャイルド氏の金庫番で、「メイソンの黒い教皇」とも呼ばれたアルバート・パイク氏が、１８７１年にイタリアのフリーメイソンである教皇ジュゼッペ・マッツィーニ氏宛に「世界秩序のために基本計画を考案した」という手紙を送っていますが、それは、以降起きる大戦がメイソンの計画であることがわかる内容でした。

では、秘密結社フリーメイソンとはどのような組織でしょうか。

「フリーメイソン」とは16世紀後半から17世紀初頭に石工組合から派生した「友愛結社」を指し、多様な形で全世界に存在し、現在の会員数は６００万人を超えるといわれています。

会員のうち15万人はスコットランド・グランドロッジ、並びにアイルランド・グランドロッジの管区下に、25万人は英連邦グランドロッジ、２００万人は米国のグランドロッジに所属し、日本グランドロッジ傘下の会員数は約1、５００人、そのうち日本人は約２５０人といわれています。

基本理念には、「自由、平等、友愛、寛容、人道」の5つがあり、相互扶助の絆で「個人の成長と発展への道」を掲げ社会に貢献するとしています。

しかし、1914年に第1次世界大戦の発端となった、オーストリア皇太子夫妻がサラエボ視察中に遭遇した暗殺事件の一味は、「自分たちはメイソンである」と自白していることから、この暗殺はセルビアのフリーメイソン組織に仕組まれたものだったのです。

第2次世界大戦についても、アルバート・パイク氏は「ファシスト、そして、政治的シオニストとの対立によって引き起こされる」、そして「この戦争でファシズムは崩壊するか、政治的シオニストは増強し、パレスチナにイスラム国家が建設される」と予告していました。

そして、第3次世界大戦については、「イルミナティのエージェントによってシオニスト（イスラエル）とアラブ人との間に争いが起こされる」と予告しています。

このように、彼らの利権のために世界の情勢が決められ、必要な情報やエネルギーなども牛耳られているのです。

エネルギー技術は、石炭の時代から石油に移行する時期、その利権を得るために動いたのも国際銀行家です。石油が出る前の中東はイスラム教の部族間の権力闘争があるだけで、11世紀から18世紀まで民族紛争の対立はありませんでした。

しかし、この地域で石油が出ることがわかると、ロスチャイルド家、ロックフェラー家がサウジアラビア国内の部族長を王家に任命し、石油の採掘権を見返りに資金と兵器を提供し、新興国家を作らせたのです。

こうしてサウジアラビアは分断させられました。そしてクウェート、バーレーン、カタール、UAEなどの産油国が生まれたのです。

国際銀行家たちは、さまざまな利権を狙って国家の設立に関与し、新国家設立の際に必要な貨幣の発行権を持ち、実質その国を背景で動かすことに成功したのです。

かつてのイギリスの植民地アメリカでも、国際銀行家は中央銀行であるFRBの設立に成功しました。

その中心にいたのが、ロスチャイルド家と石油ビジネスで成功したロックフェラー家。また、その軍門として新興財団が加わったのがモルガン家、カーネギー家、ハリマン家、シフ家、ウォーバーグ家です。

その他、一握りの一族が、地球上の貨幣供給を支配し世界を支配していったのです。

彼らはその財力で国際機関を作らせ、莫大な資本の力で実質的権力を持つことになりました。現在の国際連合のニューヨーク本部が、ロックフェラー財団の敷地であることからもそのことがうかがえます。

その成功のポイントは兵器と金融です。

Column

兵器と金融の関係

国際銀行家からの莫大な資金で革命や戦争が起こされ、それによって膨大な利益を得る構造の要を担うのが兵器産業です。

アメリカは兵器産業が盛んで、軍事関連企業が8千社近くあるとされています。

特に、米ソの緊張で兵器産業は潤い、多大な利潤を受け続けていました。ネオコン(Neoconservatism)、新保守主義者たちは軍需産業によって多大な利益を得てきました。

ところが、冷戦によって兵器産業は大量のミサイルがダブつき、政府、軍部は経済的に窮してしまい、どこかに需要をつくる必要が生じたのです。

そこで彼らが目を付けたのは、日本です。

アメリカ軍のエージェントを北朝鮮に送り込み、ソ連の中距離ミサイルの購入を仲介し、日本に向けて飛ばすように要請しました。

2021年には4回だった北朝鮮の弾道ミサイルが、2022年には33回も発射されました。

弾道ミサイルが日本上空を通過すると、日本政府は「Jアラート」を出します。

これをメディアが盛んに宣伝し、政府は防衛費を引き上げ、高額な武器の輸入も決定しました。日本は、アメリカの最新鋭迎撃ミサイル「パトリオット」をアメリカの言い値で買ったのです。

これを仕向けたのは、ネオコン（新保守派）のドナルド・ヘンリー・ラムズフェルドです。彼は兵器産業の持ち主でもあり、アメリカ政府の元国防長官です。

以降も、日本国民が納めた税金は、米国のネオコンに流れるようになっています。

ところが、北朝鮮の弾道ミサイルは実際には日本の上空を通過していなかったのです。アメリカ軍のエージェントの介入で、北朝鮮が撃ち込んだミサイルで多額の利益を得続けているのです。

これまでは、戦争というわかりやすい形で動いてきましたが、２０００年以降は「生物兵器」という目では見えない方向へ移行し、産業と金融業の連携による目に見えない戦争が展開されているのです。

誰が日本を支配してきた？

19世紀に起きた戦争、革命には、「アヘン戦争（1840～42年）」「南北戦争（1861～65年）」「明治維新（1868年）」があります。

この3つには共通点があり、いずれの背景にも貿易会社「ジャーディン・マセソン商会」がいたとされています。

まず、アヘン戦争は、マセソン商会による圧力で勃発し、南北戦争では南北双方が武装解除した際、約90万挺（ちょう）のライフルを払い下げ、日本に売却し明治維新に関与したのもマセソン商会でした。

それまで265年間も平和が続き、武士によって分断の芽もなく守られ、道徳的にも優れていた日本。その日本の分断の火種は外敵からの脅威でした。

彼らは幕末の志士を教育することで、日本には討幕派と幕府軍という対立軸が生じたのです。


フランス側メイソンを通じて中古品を渡されたのは、江戸幕府。

命中精度も高く射程距離も長い最新鋭のライフルは、イギリスのメイソンを通じて討幕派の維新軍へ売られました。政府軍、革命軍に武器を売りつける二股作戦で、革命軍である討幕派が勝つように仕向けたのです。

これには、メイソンのマセソン商会のトーマス・グラバー、フルベッキ牧師、アーネスト・サトウの影があったのです。

現在、横浜・長崎の外人墓地にある彼らの墓標には、コンパスと定規のフリーメイソンのマークが刻まれています。


日本銀行は1882年に創立されましたが、その前に、明治維新が起きた経緯を振り返ると、まさに、この銀行制度を作らせるためだったのではないか?と思われます。

討幕を促し、日本の分断にあたったトーマス・グラバーがマセソン商会の代理人でしたが、マセソン商会は、ロスチャイルド家とは婚姻関係にあり、この組織を通じて武器が売られ、情報も渡されていました。

日本は明治維新で近代国家になったものの、その内実は銀行制度が創設され出資証券という名の実質株主として、国家がそこに隷属していく構造を作らされたのです。

その後も、国際銀行家の支配下で、献金という名の賄賂によって統治され続け、日清戦争、日露戦争、大東亜戦争と続いていきます。

特に、大東亜戦争で負けた日本はGHQの管理下に置かれ、日本の政治権力はアメリカに従属させられ、そのことを戦犯被疑者たちは確認させられたのです。

「東條英機は、このまま総理大臣になってもよい。ただし、アメリカの命令で動くように」という提案を聞き入れることは売国であると拒絶した者は、有罪になりました。

こうして、次々と有罪になる者も多い中、A級戦犯被疑者だった岸信介氏は、自ら率先して傀儡(かいらい)の配下になることを志願し内閣総理大臣となり自民党政権を盤石にしていきます。

アメリカのワシントンDC公文書館には、岸氏がCIAの工作員であったことが明記されています。

後に、日本のメディアのドンとして君臨する正力松太郎氏も巣鴨拘置所に収容されていたA級戦犯被疑者でした。

彼は、自ら工作員となり「ボダム」というコードネームで、日本人を愚民化させるべく「3S政策」を推進させます。3S政策とは、セックス、スポーツ、スクリーンの3要素であり、人々の関心をこれらに向けさせて、国の重要な施策に目を向けさせないようにするのです。

正力氏は後に「プロ野球の父」「テレビ報道の父」として君臨しますが、その任務が原発を夢のエネルギーとして宣伝し、日本に原発を持ち込むことでしたが、見事にこの任務は達成されました。

また、暴力団を束ねて、企業に圧力をかける総会屋を組織した児玉誉士夫氏もA級戦犯被疑者であり、日本の政治、経済を暴力や恐喝によって占領統治に一役買った存在でした。

他にも、日本船舶振興会の笹川良一氏は公益ギャンブル権を取得し莫大な競艇資金を手に入れ、暴力と財力で政界を支配した背景にあるのも、CIAの意向です。

このように戦後の重要人物のほとんどは、CIAの工作員であり、日本人を愚民化させる施策に奔走していたのです。

「戦争贖罪（しょくざい）宣伝計画（WGIP：War Guilt Information Program）」のことはご存じですか？

日本人は罪を犯した。その罪の原因は「軍国主義」にあったとして、「その責任は戦前の教育にあり、日本人は劣っている」との強烈な刷り込みを教育、メディアを通じて大々的に宣伝したのです。戦前の日本人の研究は焚書（ふんしょ）として7千700冊以上も燃やされ、教科書や歴史書は抹殺されました。

そして、この計画を推進する人々に報酬を与えながら、日本人には自虐的な歴史観を植え付けることで自立を阻止するように仕向けていったのです。

メディアの中核は、この計画に則って進められてきました。

大手広告代理店「電通」は、戦前「同盟通信社」としてニュースを提供していましたが、戦後は広告業に移行し、「同盟通信社」の役割を「共同通信」「時事通信社」が担い、その株主として電通が大きな役割を担うことになります。ちなみに公共放送であるNHKも番組制作は株式会社総合テレビジョンが担い、その大株主は電通です。

こうして、占領政策が進んだのです。

日本人は、このような教育やメディアの洗脳を受け続けると、自国への愛着や精神を失っていくのです。

そして、「今だけ、金だけ、自分だけ」が価値観の基準となっていったのです。

第3章 パンデミック以降の計画について

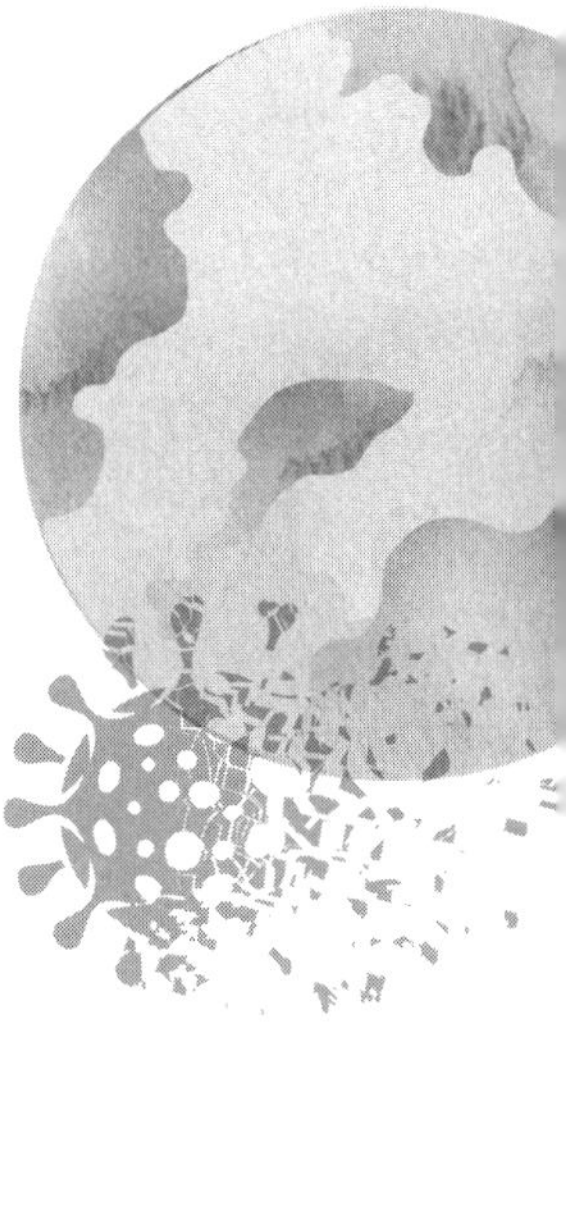

新型コロナウイルスの真実

すでにお伝えしたように、今回のパンデミックには常に不自然さと違和感がありました。それには、次の3つの疑問が挙げられます。

①2023年春頃まで行われていたPCR検査の陽性者は感染者でないにもかかわらず、なぜ政府・公共機関は、陽性者＝感染者として扱い報道し続けたのか？

②ワクチンは治験中であり、任意であったにもかかわらず、自然免疫を高めることを奨励せずに、ワクチンが唯一の処方であるかのように宣伝して、人類初の遺伝子ワクチンの接種をなぜ半ば強制的に打たせてきたのか？

③新型コロナウイルス発生時（2020年）には減っていた死者数が、ワクチンの接種開始（2021年2月）から、なぜ急激に増えたのか？

まず、1つ目の「PCR陽性者は、感染者でない」について。エイズウイルス（HIV）の発見で2008年にノーベル医学生理学賞を受賞したリュック・モンタニエ博士は、DNAを100万倍に希釈した水の入った試験管、つまり、物理的にはDNAが存在しない水の試験管からDNAの磁気情報が発信され、隣に置いた水の入った試験管も同じDNAの磁気情報を発信しはじめたと報告しました。

また、DNAを100万倍に希釈した水を入れた試験管の横にPCR溶液を入れた試験管を置くと、同じくそのPCR溶液は、DNAの磁気情報を発信しはじめた。そして、驚くべきことにPCR溶液で増幅したところ、その磁気情報を放つDNAが生まれたのです。

つまり、何もない水の磁気情報からDNAが生まれ、そこに残る磁気情報でPCR溶液に陽性反応が出たのです。また、PCRキットには「インフルエンザA、B型、肺炎ウイルス、アデノウイルス、パラインフルエンザ、クラミジア、マイコプラズマなどのウイルスにも陽性と出ます」と注意書きがあります。

PCR検査の陽性者にはコロナの感染者以外も含まれます。つまり、PCR検査の陽性者は感染者ではなく、PCR検査をすればするほど、陽性者の数が増えるのです。なのに、なぜ「陽性者＝感染者」となるのでしょうか。

PCR検査の開発者キャリー・マリス博士は、「これを感染症の指標にしてはならない」と述べています。そして博士は、2019年9月、新型コロナウイルスが世に知られる直前に不審死を遂げました。

2つ目は「ワクチンの接種」です。

今回のワクチンは従来の鶏卵法ではなく、まったく違う遺伝子法でつくられたワクチンであり、治験にもクリアしていないものであり、安全の検証がされていませんでした。

実験中であったものを急ぎ進めた理由は、なぜでしょうか？　安全検証とは別の目的があることが推測できます。

現在、ワクチン後遺症に苦しむ人々が急増しています。彼らは、病院へ行っても原因がわからず、たらいまわしにされたり、ワクチンが原因であることも認定されなかったりしています。現在、「ワクチン後遺症」はメディアでは「コロナ後遺症」という言葉と混同させられ、さらに実態がわからなくなっています。

3つ目は「死亡者数」です。

人口動態調査をみれば歴然とわかるのが、ワクチン接種がはじまった2021年2

月からの死者数が急増したことです。コロナが広がった2020年の全体の死者数は通年よりも減少しており、インフルエンザの死者数と同等レベルの数字でした。ところが、新型コロナワクチンの接種がはじまると、突然死が増えたのです。

2025年の「世界人口予測」というデータがあります。

これは、国際機関「ディーガル研究所」が軍事、経済など多方面から解析して世界の人口動態を2020年8月に予測したもので、その正確さは過去の実績で評価されていますが、それによると各国の数字は次のようになっています。

2025年「世界人口予測」

①中国　人口13億5844万人（2020年度13億8000万人　約2000万人減少）

②インド　人口13億4172万人（2020年度12億8000万人　約6000万人増加）

③ロシア　人口1億4183万人（2020年度1億4226万人　ほぼ変わらず）
④日本　人口1億3047万人（2020年度1億2645万人　約2300万人減少）
⑤ブラジル　人口2億1031万人（2020年度2億735万人　ほぼ変わらず）
⑥アメリカ　人口9955万人（2020年度3億2662万人　約2億3000万人減少）
⑦インドネシア人口2億6713万人（2020年度2億6058万人　約7000万人増加）
⑧メキシコ　人口1億2471万人（2020年度1億2457万人　ほぼ変わらず）
⑨イタリア　人口4376万人（2020年度6214万人　約1800万人減少）
⑩フランス　人口3911万人（2020年度6710万人　約2700万人減少）

日本は2300万人減少し、アメリカは2億3000万人も減少するという予測です。これに比べてロシア、ブラジル、メキシコなどはほぼ変わりません。これは遺伝子ワクチン、mRNAを使用したか否かの違いで、このような差が出ているといわれています。これは、ワクチンにより人口が操作されているということなのでしょうか⁉

これらの疑問を追っていくと、世界の産業構造の在り方に突き当たります。

そして、産業構造を事実上支配している国際銀行家とそこに利潤を得る者たちの計画があると考えると、すべての辻褄(つじつま)があうのです。

1975年の世界銀行の計画では、「ウイルスによるパンデミックが一番適切に人口削減を達成できる」と述べられています。この計画の策定は、ドルの発行権を握るロックフェラー財団などの国際銀行家たちの後押しで行われました。

その後、生物兵器の開発が進み、2001年には炭疽菌の事件が起きました。これは、イラクの元フセイン大統領にその罪を着せましたが、実際にはアメリカ国防総省(DOD)、並びに、CIAが計画したもので、その後の愛国者法の成立につながり、権限が彼らにより集中することになりました。

その後、「オペレーションロックステップ」というプロジェクトで、生物兵器としてのウイルス開発と並行してワクチン開発が進行します。

また、AI技術、ナノテクノロジーの進化が進み、「ロックステップ2010」の計画が発表されます。

この計画に則って、オバマ政権下で法律が改正されたのが「取引権限IOTA」です。連邦議会に説明責任のない「取引権限」を与えるこの法律によって、「新型コロナ対策」というパッケージが発注されました。

PCR検査やワクチン開発費用、マスクの供給などの膨大な予算が合法的に下り、臨床試験をせずに済むように「緊急使用許可」が与えられました。

ワクチンの内容は機密になり、国の規制に従う必要もないことが明記されていました。製薬会社の法的責任が免除され、試験をしない薬で被害が出ようと製薬会社は責任を負わないことも合法的に処理されたのです。

2015年の取引権限IOTAにより、アメリカ国防総省がワクチンの発注をしていたことがわかります。これは、医療品開発業務受託機関（ＣＲＯ）元役員のサーシャ・ラティポア氏の告発で明らかになりました。

この公文書から、すべてはアメリカ国防総省が計画した「ワクチンという名の生物兵器」であると言えるのです。

ちなみに、２０１５年にはＣＯＶＩＤ19の検査方法の特許がリチャード・ロスチャイルド氏によって取得されました。新型コロナウイルスが初めて発見されたとされるのが２０１９年末。その４年前に特許が取られているのです。

つまり、これも計画に則って進められていたのです。

世界経済フォーラム（ダボス会議）、国連、ＷＨＯなどの最大のスポンサーは、ロックフェラー財団並びに、その傘下のビル＆メリンダ・ゲイツ財団、そして、ロックフェラー財団の利益下にいる貨幣発行権の恩恵を受ける資本家たちです。

2018年4月27日、『ワシントン・ポスト』紙のインタビューでビル・ゲイツ氏は、「世界の人口はワクチンを使って10から15パーセント減らすことができる」「そのためにパンデミックは必要である」と語っています。

さらには、「パンデミックにより世界中で数千万人の死者が出る」とも予告しました。

また、今回のパンデミックによる人口削減と同時に、AIやITによる人類の管理統制の基盤作りも加速しました。

それは、ナノテクノロジーの進化で完成したものであり、5G端末を普及させることで、一人ひとりの情報を集約化させるのです。

日本では、賄賂献金などで買収された官僚、政治家たちが選ばれ、真実を伝えようとする行政官、医者たちは言論統制を受け立場が危うくなり、従わざるを得なくされています。

そして、ＡＩやＩＴの進化によって思想や言論を統制するために検閲が進み、財産や命までも管理する体制が完成しようとしているのです。

２０２０年の世界経済フォーラムで発表された「グレートリセット」は、まさに、管理統制社会の確立を目指したものであり、それについて、バチカンのカルロ・マリア・ビガノ大司祭が当時のトランプ大統領へ送る書簡で次のように告発しています。


「グレートリセット」の立案者は、個人の自由を大幅に制限するため強制措置を科し人類全体を服従させたいグローバルエリートです。国民にワクチン接種を強要し、その代わりにベーシックインカムを与え借金を帳消しにします。そして、彼らに従わないものは強制収容所に送られ全資産の没収という強制措置がかけられます。そのためにワクチンが義務化され、デジタルＩＤやヘルスパスポートの導入で彼らは人類の家畜化を目論んでいます。ビル・ゲイツをはじめ彼らは新型コロナを全人類の支配のために利用したいのです。〈2020年10

月25日カルロ・マリア・ビガノ大司祭　トランプ大統領宛公簡書簡〉

これが、人類家畜化計画ともいわれる所以(ゆえん)です。

Column

コロナワクチンの中身とは？

２０２３年４月、南アフリカで、医師・弁護士が組織する「ヘルス・ジャスティス・イニシアティブ」が、ファイザー社を提訴しました。これは、ｍＲＮＡワクチンの即時停止と高等司法裁判所による司法審査を求める訴訟です。

国際的に著名な科学者からの宣誓供述書と共に、ワクチンがどれだけ有害かを証明する証拠を提出し、ファイザー社の感染予防率が95パーセントとしたことは事実でないことが明らかにされました。

この立証によって、ワクチンは安全でも有効でもないことが立証されたのです。

8月18日には高等裁判所がファイザー社と政府が交わした契約書と交渉議事録を公開するように判決が下されました。

その内容は、購入者である政府がワクチンの成分分析や動物実験を行うことを禁じるものであり、契約期間の2年間は政府が途中解除しても契約金を全額支払うことが義務化されていました。

また、ワクチン後遺症で訴訟が起きた場合、ファイザー社に支払う義務がないことも明記されていました。

政府首脳への開示しか認めないことやワクチンの購入金額や被害者への賠償に関する一切の情報は公開してはならないとされていたのです。そして、秘密契約保持期間も10年でした。

ちなみに、アメリカの裁判所の命令で提出されたファイザー社のレポート、「ポストマーケティング・サーベイランスレポート」の秘密保持期間は75年とされています。ワクチンの真実は、関係者すべてが亡くなる頃に明らかにされるのです。

製薬会社との契約内容は南アフリカだけのものでしょうか。日本政府との間でも交わされていたのではないでしょうか。

2023年9月に米国サウス・カロライナ州の州議会で共和党主催の公聴会が開催され、

癌の遺伝子学者フィリップ・バックホーツ博士と毒物学者ジェンシー・リンジー博士が証言しました。

パックホーツ博士によると、ワクチンの中にあるはずがないDNAが混入していて、ワクチン1回分でそのDNAの断片が2千億個あり、ファイザー社のワクチンには、それをナノ粒子で包み送る仕組みで人の細胞核と融合可能なものが混入されていたことがわかったのです。

そのDNAは、「SV40」と呼ばれる癌を誘発させる塩基配列でした。

リンジー博士は「ウイルス治療とは無縁のガンを誘発する遺伝子で、事故や過失である余地がない」と伝えていました。

しかし、ワクチン接種がはじまった21年から進行が早い〝ターボ癌〟が増加したのですが、その理由として、癌を誘発する「SV40」の可能性が疑われています。

また、東京、名古屋、大阪の火葬場が場所によっては4週間待ちの状態になったこともあり、これもワクチンが関係しているのでは？　と考えられるのです。

人類家畜化計画

２０１３年にノーベル医学賞を受賞したイエール大学ジェームズ・ロスマン教授の論文で、ワクチン中の磁石物質が、５Ｇの強い電磁波を浴びると薄い肺細胞を破壊し、細胞の体液が流出して咳や鼻水が出て肺炎に近い症状が見られることが発表されました。

発症事例を分析することで、コロナの重篤化が５Ｇなどの強い電磁波と関連することがわかっていますが、１９０万の発症事例のうち、96パーセントが５Ｇの展開場所であり、５Ｇ展開地域とそうでない地域の死亡率は２倍以上という結果が出ています。

また、伝導体物質である酸化グラフェンは体内に入ると、さまざまな症状が出ることが明らかになっています。これは、ナノアンテナ、ナノルーターなどと連動すると体内でネットワークが起動して、進行中の「人間拡張技術」が人体で可能になるといわれています。

人間拡張技術とは、人間が持つ認識及び肉体能力の限界を超えようとする技術のことです。スマホにアプリをダウンロードすれば使用でき、人体に入れられたナノチップで稼働させますが、その際、電池的な役割をするのが酸化グラフェンといわれているのです。

ちなみに、昆虫食が薦められる理由に、この人間拡張を進める意図があることが指摘されています。昆虫食の中でコオロギは東洋医学では、その毒性の強さから禁忌とされてきました。

なぜなら、コオロギには発がん性があり、モチンという物質が甲殻類、イカなどの動物、ダニなどにアレルギーがある人にアレルギー症状、呼吸疾患を起こすからです。

厚労省食品安全委員会のホームページでもコオロギは加熱しても細菌が消えず、カドミウムが生物濃縮することが指摘されています。

また、コオロギの脚にはグラフェンに近い物質が含まれており、5Gなどの強い電磁波を浴びるとナノ分子が剃刀(かみそり)化し、血管内を傷つけ、体内に入ると電池化するのです。これから進む人間拡張技術に必要なものとして昆虫食が推奨されているのかもしれません。

他にも、2014年にロックフェラー財団の発表した論文では、ネズミにワクチンを打ち、ある電磁波を与えると快楽を伴うことが指摘されています。例えば、5Gなどの強力な電磁波と体内の酸化グラフェンなどのナノ物質を活用すると、個人の情報がネットワークで管理できるだけでなく、脳波をコントロールし統制が可能になります。

ジョンズ・ホプキンス大学の研究者、ロバート・ヤング博士の証言では、ワクチンの中身に酸化グラフェンが含まれていることが指摘されています。

また、リガルド・デ・ガルド博士など世界中の研究者がファイザー、アストラゼネカ、モデルナのすべてのワクチンで、ナノルーター、ナノアンテナ、ナノプラズマ、プラズマアンテナを直流に変換するＡＣナノクテナなどのナノテクノロジー物質を見つけています。

遠隔地からサーバーに接続暗号化するコーデック（ソフト技術）も見つかっており、酸化グラフェンを活用すると人体がインターネットに接続することも可能になるのです。

これらのことから、個人の管理がＡＩとＩＴ技術で可能になることがわかります。人類を管理する目的で、今回のパンデミックが起こされた可能性が考えられます。

人類家畜化計画が進んでいると言っても過言ではないのです。

次の計画とは？

今回のパンデミックで、その体制も整ってきました。

主にオペレーションロックステップ、世界経済フォーラム、イベント２０１、アジェンダ２０３０（ナノテクノロジー、医療、生理学への無関心と知識不足が利用されている計画）などが、計画通りに進んでいます。

健康面での統制としては、パンデミックによってＡＩやＩＴによる管理が完成しつつあります。

体内の電池化に必要な昆虫食、５Ｇの普及、国民情報のデジタル化を進めるために、日本ではマイナンバーカードの普及、保険証との紐（ひも）づけなどコロナ禍をいいことに粛々と法改正が進みました。

個人情報を一元化し、国民の資産を把握する。例えば、政府の意に従わない個人、団体の資産を凍結するようなことも将来的に可能になるだけでなく、国民の情報を外資系企業に委ねることを決めたのです。

2022年11月、保険証をマイナンバーカードで一本化し、そのデータをマイクロソフト、グーグル、アマゾン、オラクルのクラウドなどへデータ保存することが発表されました。

これは、国際銀行家の管理下になることを意味します。

スイス工科大学チューリッヒ校の3人のシステム理論研究者の研究では、世界3700万社の企業と機関投資家をリスト化したデータベースを活用して資本関係を調べたところ、147社がそれらの企業の持ち主であることが判明しました。

そして、それらの企業の資本を資産運用会社が持っています。中でも、バンガード、ステイトストリート、ブラックロックは名だたる企業ほとんどの株主です。ブラックロックはアマゾン、マイクロソフト社、コムキャスト、FOX、CNN、ファイザー社など20兆ドル（3200兆円）を運用しています。
しかし、その株主は公開されず、ロスチャイルド家、ブッシュ家やモルガン家など国際銀行家たちではないかといわれています。
ちなみに、ジャーナリストのジェームズ・オキーフ氏らのブラックロックへの潜入取材で、幹部のセルジ・バーレク氏の言葉がX（旧ツイッター）に上がっていました。

ブラックロックのビジネスにとって戦争はいかによいものか。例えば、ロシアがウクライナの食物倉庫を襲う情報が出れば小麦の値段が高騰する。世界の小麦市場、パンの値段などあらゆるものが上下する。この変動性（ボラティリティ）が利益を上げる機会を生み出すのだ。戦争はビジネスにとって非常にいい。混乱はエキサイティングだ。

戦争、災害による物価の変動で利益を得るために、その火種を燃え上がらせビジネスが展開されているのが今の世界の異常さなのです。利益のために戦争が作られ、それも目に見える戦争だけでなく、ウイルス兵器、気象兵器などのテクノロジーにより行われており、金融資本主義の中で隠されているのです。

ステークホルダーと呼ばれる利益相反関係にある一部法人組織に牛耳られている国際機関のWHOは、2021年3月「パンデミック条約（パンデミック合意）」を打ち出しました。

これは、パンデミックに備えた国際協調についての条約であり、WHOのテドロス事務局長はこの条約の目的として、「法的拘束力のある条約を作り、多くの国々が利己的な行動をとる事態を繰り返さないのが目標」と語っていますが、これは、次のパンデミック時には、WHO基準で施策を発令できるということです。

さらに、この遂行のためにIHR（国際保健規則）という疾病の国際的伝播を防止する規約の改定が進んでいて、その内容は、WHOがより国家を超えて強権発動できる内容になっています。

この背景には、製薬メーカー、ビル&メリンダ・ゲイツ財団、その財団に影響力を持つロックフェラー財団など、国際銀行家が見え隠れします。そして、この改定案を進める準備を日本政府がしているのです。

2024年6月1日時点ではまだ合意に至っていませんが、IHR改定の方はわずかな参加国で充分な審議がされていない状況の中、2024年6月1日に決められました。これによって、次のパンデミックが起きたときに事務局長がパンデミックを決定でき、WHOが強権を発動できる体制が出来上がりつつあるのです。

さらに、中央銀行デジタル通貨(CBDC)の推進によって、金銭取引をデジタル化することで、すべての銀行口座を紐づけできるようになります。

マイナンバーと保険証、免許証の紐づけをはじめ、デジタル化は一見便利そうですが、財産、購入履歴、行動履歴、病歴、発言など思想的なことも含め、個人情報の管理・検閲、資産凍結も自在になるシステムであり、この情報を海外企業が管理するのです。

政治家はこれを、富を没収して再分配するツールとして活用でき、マイナス金利を設定して貯蓄をさせないように仕向けることもできます。また、貯蓄に対する税や罰金を科したり、マイレージのように有効期限を設定したり、人々を罰したり、報酬を与える道具として使うことも可能なのです。

ＣＢＤＣはビットコインと同じ仕組みですが、大きな違いは中央銀行のネットワークなので透明性がなく、中央銀行の管理統制社会が実現する可能性があるのです。

ロックフェラー財団の長で、２０１７年に亡くなったデイヴィッド・ロックフェラー氏が次の言葉を遺しています。

私たちは、『ワシントン・ポスト』『ニューヨーク・タイムズ』『タイム』、その他著名な出版社の編集長たちが40年近くも私たちの会議に出席し慎重な報道を心がける約束を守ってくれたことに感謝する。もしこの間、宣伝合戦に巻き込まれていたら、世界に対する私たちの計画を進展させることは不可能であったろう。しかし、今や世界はより沈静化され世界政府に向かって行動する準備が整っている。知的エリートと国際銀行家による超国家的主権は、過去数世紀に行われてきた国家の自決よりもきっと好ましいことだろう。（デイヴィッド・ロックフェラー）

この発言からも、彼らは「ワンワールド」の実現を目指していると思えるのです。

誰が世界を支配しているのか？

これまで、近代国家は国際銀行家たちの意向で運営されてきました。

人々は、「今だけ、金だけ、自分だけ」という価値観の中で自国の歴史に対する愛着を無くし、分断の中で個人主義に洗脳されてきたのです。

この価値観が浸透している社会では、貨幣の発行権を持ち管理統制すれば、最終的にどんな存在も隷属させることができます。

そして、この権利とシステムさえ維持できれば、永続的な支配が可能となります。

それには、すべての判断基準をお金にする必要があったのです。

このシステムを理解できる少人数の人々はシステムの利益に強い関心があるが、その恩恵にすっかり依存している。この層からの反対はないであろう。—

方、大多数の資本がシステムから引き出すとてつもない利点を理解するだけの知識を持ち合わせていない。彼らは不満を覚えることなく、ただシステムの重荷を背負うことになるだろう。（ジョン・シャーマン　1863年　ロスチャイルド兄弟商会）

しかし、彼らにも脅威なるものがあったのです。

それが、「和合」「助け合い」「絆」です。

そこで、彼らは、これらをいかに断ち切ろうか、となるのです。そのためには、人と人が会わなくなること、疑心暗鬼な社会になること、そして、いかにコントロールできる世界を作り出すかが課題になります。

そのために、メディアや教育機関を通じて自虐史観、唯物的価値観、3S（セックス、スポーツ、スクリーン）が膨大な費用で推進されてきました。

ナチスドイツの宣伝大臣だったジョセフ・ゲッベルス氏が、国を転覆させるために打ち出した謀略には次の要素があります。

愛国心の欠如、悪平等主義、拝金主義、自由の過度の要求、道徳の軽視、3S（セックス・スポーツ・スクリーン）、ことなかれ主義政策、無気力、無信念、義理人情の抹殺、下級官僚の愚行、刹那主義、自然主義（自然科学分野における手法、方法論、オカルト的要因を用いない）、国粋主義否定、享楽主義、家族制度崩壊、民族的歴史観否定など。

こうして見ると、日本では戦後にこれらのすべてが達成されたことがわかります。
また、マインドをコントロールするために心理学も応用されてきました。

「ストックホルム症候群」という言葉をご存じですか？
これは、犯罪者が人質と隔離された中で過ごすうちに、人質は犯罪者に好感を持ちはじめて犯罪者に協力してしまう、というものです。コロナのロックダウンの時も人々を隔離して閉じ込めたようなものであり、人間の心理状態が異常なものになっていったと考えられないでしょうか。

もう1つ、「ミルグラム実験」というスタンレー・ミルグラム博士が行った実験があり、これは、特定の条件が揃えば、誰もが権威者の命令に従うことが明らかになるという実験です。

この実験では、権威ある専門家が言うことなら、それがどんなに道徳観をはずれた指示・内容であったとしても、従ってしまう心理状態になるというものです。

こういったことが、パンデミック時に垣間見られたと思うのは私だけでしょうか？

彼らがマスコミを利用し発信し続ける構造はまさに、こうした心理学を応用した「MKウルトラ計画（マインドコントロール計画）」を実践していたとしても否定できないのです。

支配層からすれば、日本はアメリカの植民地に属する存在であり、国民はこの構造に気づきにくい状況にありますが、今、起きていることは、私たちの中に眠る恐怖をエネルギーにし、管理統制の世界を完成させようとしているとしか思えません。

その背景には、人間の中に眠る恐怖を知り尽くした存在があるのです。

思凝霊とは?

米ソ冷戦時代の後、国際銀行家たちにとって戦争ビジネスが起こしづらい時代が到来しました。

そこで、次に生物兵器の開発をはじめたのです。

2000年以降に20以上ものオペレーションロックステップ計画を立案し、スポンサーという立場でそれらを国際機関に実行させてきました。ウイルスを作り、そのウイルスに対してワクチンを製造し利潤を得るのです。

このような非人道的な行為を正当化する精神は、どこからきているのでしょうか？

ここの部分を理解しないと、本当の意味での人類全体の和合は生まれないと考え、映画『ＬＡＳＴ ＨＯＰＥ』制作中に、この精神性を学ぼうと思いました。そして、その過程で「世界征服25箇条」を知ることになりました。

この思想の元にあるものが、ユダヤ教の聖典『タルムード』の1節にあります。

非ユダヤ人の所有する財産は本来ユダヤ人に属するものなれど、一時彼らに預けてあるだけである。故に遠慮なくこれら財産をユダヤ人の手に収むるものなり。

こういった行動の指針として描かれたのが、「世界征服25箇条」と呼ばれる計画書です。

この思想が生まれた近代は、絶対王政と教会権力によって支配されており、その封建的な体制に対しての抵抗が背景にありました。しかし、この考えこそ、近代国家を設立し金融支配体制につながるものであり、今こそ、見直すべき思想なのです。

この計画書は、マイヤー・アムシェル・ロスチャイルドが1773年に秘密結社「イルミナティ」を設立し、近代国家に影響を与え続けている基本的な思想です。

船瀬俊介著『幽体離脱　量子論が〝謎〟を、とく！　NASAは〝何か〟を隠しているII』（ビジネス社）から条項を引用してご紹介します。


【1条】暴力とテロリズムこそ、人間支配最善の方法である。

軍事力や警察権力を掌握して権力基盤を維持し、力の維持に必要な貨幣の発行権さえ持てば、人民の支配は可能になるのです。

【2&3条】政治権力を奪うには「自由（リベラリズム）」を説けばよい。自由思想を利用すれば階級闘争を仕掛けられる。

対立を煽ることに利用できるのが〝自由〟という理念。そして、その対立から戦いの中で利益を得る。思想や理念によって分断を生み出し、支配してきた今の世界の構造が読み取れます。

【4条】大衆を支配するには狡猾（こうかつ）さと欺瞞（ぎまん）で訴えなければならない。

欺瞞や偽善を駆使してメディアを活用することで一般の人々を誘導。コロナ騒動や不自然なアメリカ大統領選挙もこの条文から理解できます。

【5条】新たな権利とは、強者による攻撃の権利だ。既存の秩序と規律のすべてを破壊し新たな制度を築く権利なのだ。

人々がお互いを理解し合えないように、常に軋轢(あつれき)を生むシステムを作ってきた。これは近代史を見直すと、必ずそのための制度が作られ、その権利を認めさせてきた構造が読み取れます。

【6条】我々の富の力は、隠さなければならない。無敗の強大さを獲得するその時まで秘匿する。さもなければ、数世紀にわたる企みは無に帰してしまうだろう。

戦争ではなく、経済力によって支配をし続ける。そのためには表に出ずに、関連する人々に贅沢(ぜいたく)を与え、物欲に浸らせておく。「財団」「宗教団体」などの隠れ蓑(みの)を使うことが数世紀にわたって行われてきたのです。

【7条】群集心理を利用せよ。そして、大衆に対する支配を確立するのだ。

前述のミルグラム実験やストックホルム症候群など心理学の研究を実際に活用するなど、さまざまなマインドコントロールの技法が用いられてきました。

【8条】酒類、ドラッグ、退廃道徳など、あらゆる悪徳を利用せよ。それは工作員により組織的に行う。こうして、各国の若者の道徳心を破壊するのだ。

「今だけ、金だけ、自分だけ」という価値観を与え、精神性や道徳的価値観を無意味なものとして伝え、違法ドラッグや薬物などで高額な収入を得ながら、それに依存させていくのです。

【9条】大衆を服従させ、我々の主権を勝ち取れ。ためらうことなく財産を奪え。それが我々の特権だ。

貨幣発行権を待ち続けることで常に主導権を得て、司法も制し財産を没収する権利を維持し続ける、その考えがここから読み取れます。

【10条】我々こそが「自由」「平等」「博愛」で大衆を欺罔してきたのだ。この言葉は愚者たちにより繰り返されてきた。ゴイム（獣）どもは賢者であると自称する者さえ、この言葉の意味は理解できずにいる。「自由・平等・博愛」など自然界には存在しない。我々は金の力による貴族社会をつくりあげたのだ。

タルムードにもある、「自分たち以外はゴイム（獣）である」ことが語られています。表向きのスローガンで目くらましをさせながら、貨幣に依存させ隷属させるのです。

【11条】戦争を誘発し、対立する双方の国家がさらに借金を負うよう仕向ける。そうして我々の工作員の手中に陥落させるのだ。

対立の火種に火をつけ、また、火種がなければあえて火種を作り、戦争によって利潤を得る。「北朝鮮がミサイルを撃ち込んできた」と伝えれば、日本は武器を買うか、武器を持つ同盟国アメリカにお金を払って守ってもらえるという世論ができるのです。

【12条】我々のゲームの駒となる工作員を育成する。彼らを「助言者」にしたて国家を裏から操るのだ。工作員は幼い頃から我々の考えに沿って養育、教育され訓練される。

お金のためなら何でもする工作員を幼い頃から育てる。彼らの価値観の基準が家族、先祖、国にならないように育てれば売国は可能になるのです。

【13条】まず、誹謗(ひぼう)・中傷・虚報を流す。自らには非難が及ばぬよう身を隠す。巨大な資本を活用して、大衆操作のための情報出口をすべて支配するのだ。

大手広告代理店では、特定の人物に対して妨害や嫌がらせなどをして、その人物の活動を抹殺する部署があるといわれています。依頼する企業は強大なスポンサーのため、そのようなことも厭わないのです。「お金のためには何でもする」という価値観があれば、そんなことも可能です。

【14条】貧困と恐怖によって大衆支配せよ。そのときは常に工作員を表舞台に立たせる。そして、貧困、恐怖は「犯罪者」や無能な「政治家」のせいと錯覚させる。そして、犯罪者や精神異常者を処刑する。すると、我々は大衆から救世主として崇められる。労働者の保護者として迎えられる。ところが、実際は我々の目的は真逆でゴイム（獣）の数を減らすこと。殺害することなのだ。

人口削減計画には、自分たち以外は不要だとするエゴイスティックな考えがあります。まさにその考えの基本がここにあります。

【15条】我々の力を行使すれば、失業と飢餓も思いのままだ。そうすれば、より強大で確実な資本による支配力が生じる。

目的の遂行に邪魔な考えや行動をとる人々を滅ぼすことは簡単。そのために強大な軍事力、警察権力、エネルギー、食、水を管理することでそれらが可能になります。

【16条】フリーメイソンへの潜入について。目的は組織のすべてを利用することだ。フリーメイソン潜入活動の目的は、勧誘活動とゴイム（獣）に無神論と唯物論を広めるためである。

唯物的価値観があれば人々を隷属させることが可能。その価値観を共有できる世界中に点在する秘密結社フリーメイソンとの契約によって、それが可能になるのです。

【17条】工作員は仰々しい言い回し、大衆受けするスローガンを駆使する。そのため訓

練されなければならない。大衆には惜しみなく約束しなければならないからだ。

役者（政治家、活動家）に必要な資金を与えることで、大衆のコントロールが可能になります。才能ある人物を選別すると同時に、彼らの弱みを握り、訓練することで支配力を強めるのです。

【18条】恐怖政治は手っ取り早く大衆を服従させる最も安上がりな方法だ。

命の危険や恐怖を与えることで、民衆は服従することがコロナ禍で明らかになりました。人々に見えない恐怖を与え、限定された情報だけを信じさせて誘導する。安上がり、かつ合理的に支配が可能となったモデルケースです。

【19条】政治・経済・財政の助言者の仮面を被った我々の工作員が、命令を実行できるようにする。すべての戦争のときには秘密外交が必要だ。それには我々の工作

員が関わる。それなくして諸国家間でいかなる取り決めもできないようにする。

過去の数々の戦争のきっかけには、多種多様な職業に扮した工作員が関わっていました。工作員たちは騙(だま)しながら互いの利益のために働きましたが、大きな資本力を持つ存在がその背景には存在していたのです。

【20条】我々の最終目的は世界政府である。そこに到達するためには、大規模独占が不可欠である。ゴイム（獣）の富裕者であっても、我々を頼るほどの大規模な富の蓄積が必要となる。

日仏戦争時のワーテルローの戦いの時に、伝書鳩を飛ばしていち早くイギリス勝利の情報を掴んだのはロスチャイルドであり、その情報のおかげで全ヨーロッパの富を集め、金融資本主義の中核で君臨し続けたのです。世界を支配してきた彼らの最終目的は世界政府です。

【21条】ゴイム（獣）から、その富と産業を奪う。そのために重税と不当競争を仕掛ける。そして、ゴイムの経済を破壊する。国際社会でゴイムが商売できなくすることは可能だ。それは原材料の支配、労働階級の扇動、競争相手の育成などだ。

いち早く新しいエネルギー産業、資源の情報を得て、その利権を得るために争いを作り、漁夫の利を得る。そのために原材料や食料、エネルギー、水など命に関わるものを常に支配することが彼らの鉄則です。

【22条】最終的に残すのは以下の連中のみだ。我々の運動に尽くす少数の金持ち。我々の利益を守る警察と兵士たち。命令に従う肉体労働者たち。（それ以外の）ゴイムには殺し合い（戦争）をさせる。そのため大規模な軍事増強が必要だ。

争いは最大のチャンスで利益を生み出す。そのために軍事増強や恐怖で危機を作り続けるのです。その考えの原点には、自分たち以外はゴイムであるという価値観があるのです。

【23条】世界統一政府のメンバーは、独裁者により任命される。大金持ち、企業家、科学者、経済学者などの中から任命される。

為政者を巧みに操るためには、弱みを持つ重要人物を見つけ、その人物を重要なポストにつけて政府を乗っ取るのです。

【24条】工作員たちは、誤った理論、原則を大衆（ゴイム）に教え込む。そうして社会の若年層の精神を困惑させ、腐敗させるのだ。工作員はこの目的達成のため、あらゆる階級、階層や政府に潜入しなければならない。

政府の諮問委員会などのメンバーに利権を背景にした人物を入れ、政策や法律を決めていく。そのために、資金を使うことで傀儡(かいらい)政府が生まれるのです。

【25条】国内法も、国際法も、変えるべきではない。歪曲し覆い隠すのだ。さらに見えなくする定期的な解釈を行う。そうして現状のまま利用する。そうしてゴイム（獣）の文明を破壊するのだ。

最終的には自分たち以外はゴイムであり、隷属するのが当たり前、とした〝いのちのつながり〟を感じられない意識の在り方がこの思想の背景にあります。

いかがでしたか？

今までの歴史、そして今、起きていることを見ると、この計画に沿って国際銀行家は動き続けてきたと言っても過言ではありません。

そして、この計画のもとでマインドコントロールをされた人は、「すべては自分だけのため、それ以外の存在は関係ない」と思うようになったのです。

この強烈な思いが塊となって、人類の集合意識の中に憑（と）りついています。これは、神道でいわれる「思凝霊（しぎれい・しごれい、しぎょうれい）」に同調することを意味します。

思凝霊とは、人間の想念のエネルギーから誕生する「人の思いが生む霊的エネルギー」のこと。

仏教においては「化生（けしょう）」が思凝霊にあたります。

化生は母胎や卵等からではなく忽然（こつぜん）と生まれるもので、天界や地獄、中有の衆生の類とされますが、本来は想念、穢（けが）れの念が生んだものです。

その穢れた思いに隷属することで快楽を感じ、従属させることに対して躊躇（ちゅうちょ）がなくなるのです。つまり、戦争を作り、対立を煽り、恐怖によって利潤を得ることに邁進（まいしん）していくのです。

唯物的発想の極限がこの意識状態を作り、悪徳を積むことを善とする意識状態がここからはじまるのです。

しかし、ここに欠如しているのが輪廻（りんね）と魂の視点です。肉体を失っても意識は残るのです。

悪徳を積めば、輪廻を超えて受け取る負のエネルギーの苦しみを選ぶことになり、永続的にその苦しみが続きます。つきまとう恐怖と不安に嫌気がさすときまでそれは続くのです。

恐れを与え続けることによる刹那的な虚しさを未来永劫（えいごう）受け取ることは本当の幸せ、安心、平安を体感することもなく、魂の波動が落ちる世界を自ら選ぶのです。

そろそろ人類は、ここから卒業する時を迎えているのではないでしょうか。

第4章

魂の永遠性に気づき愛を基盤にした社会へ

――〝恩送り〟という生き方

死は終わりではない

すべての行いは波動情報として受け取られ、量子真空場に記録されるとフィードバックされます。

つまり今の行い自体が受け取るものになるのです。

感情も感覚も思考も触覚も香りでさえも、波動情報として受け取られるのです。

そして、調和を目指した行いほど内なる情報は安らぎ、恐怖から離れていく。より愛に近い意識を送れば、恐怖がなくなるのです。すべては波動情報として肉体を超えて意識の中に残るからです。

「死が終わり」という考え方だと二元の世界から離れられず、混沌（こんとん）とした世界を繰り返し起こすループの中に居続けることになります。しかし、死後も意識は残ることを科学的に説明できるのです。

このことを「世界賢人者会議」の「ブダペストクラブ」創立者で、哲学者、科学者のアーヴィン・ラズロ博士に教えていただきました。

光栄にも彼を取材する機会をいただき、「量子真空場」、「アカシックレコード」についてご説明いただきました。

それは、次のような考え方です。

意識は今まで脳が作り出すものと考えられてきました。

『コスモス〜ワンネスへの回帰〜』撮影時のアーヴィン・ラズロ博士と筆者

これは「タービン理論」といい、脳がタービンのように駆動し続けることで意識が生まれ、肉体が死んで脳が死ねば意識も終わるという考え方です。

ところが、臨床結果から大脳皮質がなくなってもＩＱ１３０以上の知能を持つ人がいたり、脳を切除しても記憶が残っていたり、臨死体験の研究が進んだことにより25パーセントが脳死状態でも意識が残っていたことが確認されたのです。

では、意識はどこにあるのか？

次に考えられたのは、クラウド上に情報が残っているという考え方で、そのクラウドを受信することにより情報を理解したり、アクセスしたりしている、という「クラウド理論」です。

ところが、この理論でも解決できない内容が出てきます。

それは、レイモンド・ムーディー博士が「死者と自発的コミュニケーションの症例」として報告していますが、「死後起こったことを語る知性」とのトランス交信についての研究がされていたり、アリゾナ大学の研究などで、死後の存在の意識も発信されていたりすることがわかってきたのです。

アリゾナ大学のゲリー・シュワルツ博士は、ミディアム（霊媒師）との共同研究で、亡くなった人をインタビューして、そこから得た情報と実際に親族や友人から聞いた情報を両者がわからないようにして調べました。すると、正解率が83パーセントとなり、死者が意識を発動することが証明されたのです。

そこで考えられたのが「ホログラム理論」です。

平面の波形情報をフーリエ解析して、工学的手法でその情報を投影すると立体投影されますが、

臨死体験研究の大家　レイモンド・ムーディー博士と筆者

この立体投影されているのが三次元での「肉体」であり、振動情報が原因となる「意識」となります。

ラズロ博士は、その意識の振動情報が量子真空場に記録されていて、その量子真空場が「Aフィールド」、つまり、アカシックレコードであることを説明してくれました。意識は肉体を失っても残るのです。

ラズロ博士は、さらに踏み込み、宇宙全体は意識で満たされていると主張します。「日本意識工学会」会長の猪股修二博士は、「この宇宙の要素は意識である。物質とエネルギーは意識から生じる」と提唱しています。

また、『タイム』誌の「世界で最も影響力がある100人（2014年度）」にも選ばれた再生医療の専門家ロバート・ランザ博士は、「死後、人間の意識は陽子・電子といった亜原子レベルで宇宙に放出される」と語ります。

ランザ博士は、「生命中心主義（バイオセントリズム）」を標榜し、意識と物質である肉体はまったくの別物であると仮定し、意識こそが物質を生み出しているという大胆な仮説を提唱しています。

これらのことからわかるように、死んでからも意識は残り続けるのであり、〝意識は生死を超える〟のです。

意識とは、感情も思考も想念も触覚も視覚も聴覚も、すべて振動情報なのです。その情報は量子真空場に記録され続け、肉体を超えて受け取っています。思凝霊に囚われるのは、自分の意識の中に光と闇の両極性を乗り越えられない恐怖が存在しているからです。

すべてはバイブレーション、つまりは量子レベルの波動情報であり、フィードバックされるものだとわかると、闇はやがて光に統合されます。

もし、肉体が消えても意識は残り続けるのであるのならば、どんなに騙されても騙さない、どんなに殺められても殺めない、どんなに批判されても批判しない、となるはずなのです。

より調和を目指して、一見マイナスに見える出来事も愛の意識で内側に向き合うと、目の前にある闇は自分の投影だとわかります。

悪魔崇拝も恐怖や不安などの現れであり、宇宙の原理に対して無知であることが原因なのです。

悪徳を積んで不幸になることを選び制限のかかる生き方を選ぶよりも、徳を積んで善行を率先して行動する方が将来の自分にプラスになります。

このような意識の人が増えてくると、そのエネルギーが地球全体を包んでいきます。

そして、意識を合わせていくうちに、光と闇が統合されていきます。

なぜなら、宇宙全体の量子真空場は愛の素粒子で満ちているからです。

愛が地球を包み込む

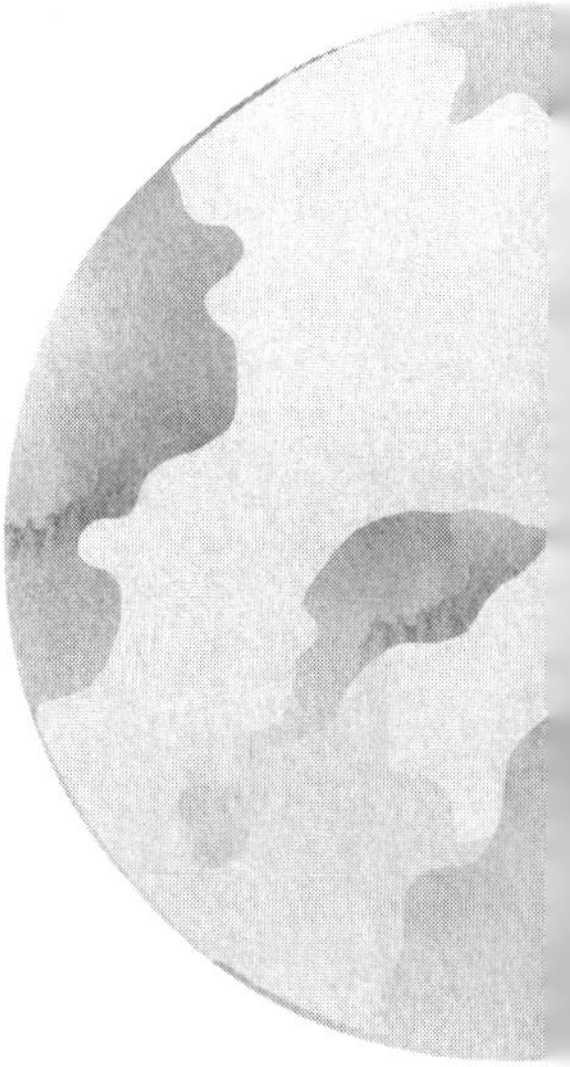

感謝や思いやり、愛する気持ちを抱くと、唾液中からオキシトシンというホルモンが出ることが明らかになっています。

オキシトシンは抗ストレス、抗不安、抗うつ作用があり痛みを和らげ、自律神経を調整するだけでなく社交性、信頼、愛着の感情を呼び起こし、心身を整えます。

アメリカの研究者が行った実験で「ラブスタディー」というものがあります。カップル43組を集めて、腕に擦り傷をつけて水疱（ほう）を作ります。その後、ラブラブなディスカッションを1日1時間してもらいます。すると平均1週間で水疱は完治しました。

その後、同じカップル同士で腕に擦り傷をつけて水疱を作り、罵り合いの喧嘩を1

時間しました。すると、傷の治りが悪く、完治するのに平均で1週間と2日かかったのです。

愛ある意識は、身体の改善をより促すのです。

また、2005年にバスティア大学、ワシントン大学の研究グループが男女30組のカップルを対象に行った実験があります。

全員の頭に脳電図をつなぎ、互いに別室にいる相手に明滅する光イメージを送ったところ、受ける側の60人のうち8パーセント（5人）の脳波に変化が起きました。この実験で際立ったカップル5組を対象に愛の思考伝達を測定したところ、受け手の脳の視覚野で血中酸素が増加したのです。

愛の意識は、時空を超えて身体に影響をもたらすのです。

具体的には、体温が上がり免疫力も活性化しやすくなるので、より健康な状態になります。

他にも、１９９１年にハートマス研究所のドック・チルドリー博士が行った実験があります。

不安や怒り、恐れを抱くと神経系が乱れ不整脈が見られたのに対して、愛、思いやり、感謝をすると神経系全般に秩序が増しストレスが減り、一貫性のあるエネルギーシグナルが確認されました。

その際に、心臓と脳には深い相関関係があることが指摘されています。

さらには、１９７０年代に生理学者ジョン・レイシーとベアトス・レイシーが行った研究があります。

これは、脳から心臓、心臓から脳へシグナルが伝達され、心臓には４万のニューロンからなる神経系があることが指摘されました。

この磁気能力は脳の５千倍もあり、60倍の電場があることがわかったのです。この場所は心臓脳と呼ばれています。

この心臓脳を開くと、磁気フィールドが2・5メートルにも広がり、免疫が上がることがわかっています。心臓と脳には思考と感情の生体通信系が双方向に働くのです。

「ハートマス財団」のロリン・アクラティー博士は、未来の出来事を予測して反応するのはどの部分かについて心臓と脳に深い関連性を見出し、特に心臓が先に受け取り脳に伝達することを伝えています。脳と心臓は男性に比べて女性の方が反応が早いとのことです。

また、モントリオール大学ジョン・アンドリュー・アムール氏の研究では、心臓の中に脳の高等思考を左右する神経伝達物質が発見されました。

「ハートに聞く」という言葉がありますが、これには深い意味があるのです。

環境が心身にもたらす影響が明らかになりつつありますが、「ジオパシックストレス」と呼ばれる研究がこれにあたります。

ジオパシックストレスとは、大地（ジオ）がストレスを与える影響の研究のことで、1920年代からドイツで盛んになりました。

例えば、癌で死亡する人が多い家の付近の地下には必ず水脈・断層があり、環境が健康に影響することが検証されています。

ウィーン大学のオットー・ベルクスマン教授の調査によると、被験者985人をジオパシックストレスの放射体にいるときとそうでないときの血液循環、自律神経の状態を調べたところ、心拍数の変化、心臓収縮時に起きる血液量の変化、呼吸数、筋肉電位の変化、免疫グロブリンの反応、カルシウムの上昇、血液中の亜鉛の増加、セロトニンの極端な減少が見られました。

これは、環境が身体に影響を及ぼしているからです。当然ですが、良い環境は心身に良い影響をもたらします。

植物の緑が少ない場所ほど心は不安定になりやすく、人工的な騒音が多いとストレスを感じることが研究で明らかになっています。

自然の中では脳機能が改善し、ストレスが減少して心拍数が穏やかになり、幸福度が増すのです。

樹木が多い場所に住む人は糖尿病、片頭痛などの疾患率も低く、また、ADHD（注意欠如多動性障害）の子どもたちを自然豊かな場所へ連れて行くと、症状が改善することも明らかになっています。

環境が人の意識に作用をもたらし、心身が整うのです。

人類学者の長谷川眞理子博士の研究で、コンピュータのシミュレーションを用いた検証があります。

同じ個体が繰り返しゲームを行う場合、他者を裏切り利益を追求すると、やがて騙し合いがはじまり自滅していくのです。

ところが、双方の利益がプラスになる動きをすると、結果的に繁栄するのです。他者と協力し合って与え合うことが長く繁栄するための生命原理なのです。

愛し合い捧げ合う利他性こそが、生命の本質です。

愛し合うもの同士が集い、相身互(あいみたが)いの結びつきで調和が生まれると、最終的に地域、社会は安定していきます。この意識状態が地球を愛で包むのです。

そして、利権を手放し、自分の才能や仕事を生かし合えば、地域、国家、地球レベルでの環境蘇生が可能となり、地球レベルの危機を乗り越えることができるのです。

その第一歩は、一人ひとりが二元の世界を越えて愛につながり、不条理な出来事を知ったなら、その解決のために意識を変えていくことです。大河も一滴からはじまるのです。

恩送りの世界とは？

愛を基盤にした経済の在り方は、どこにあるのでしょうか？

その答えは、日本人の先祖の生き方にあります。


「恩送り」という言葉があります。

恩送りとは、恩を受けた人がいただいた人にお返しをするだけでなく、恩を送る行為のこと。これは、古くから日本人が自然とやっていたことです。


二宮尊徳翁の「たらいの水」という教えは、ご存じですか？

人は皆、生まれたばかりの頃は何も持たず、何もできず、空のたらいのような状態で生まれてきますが、親や兄弟、多くの人々や自然の力を借りて、そのたらいを満た

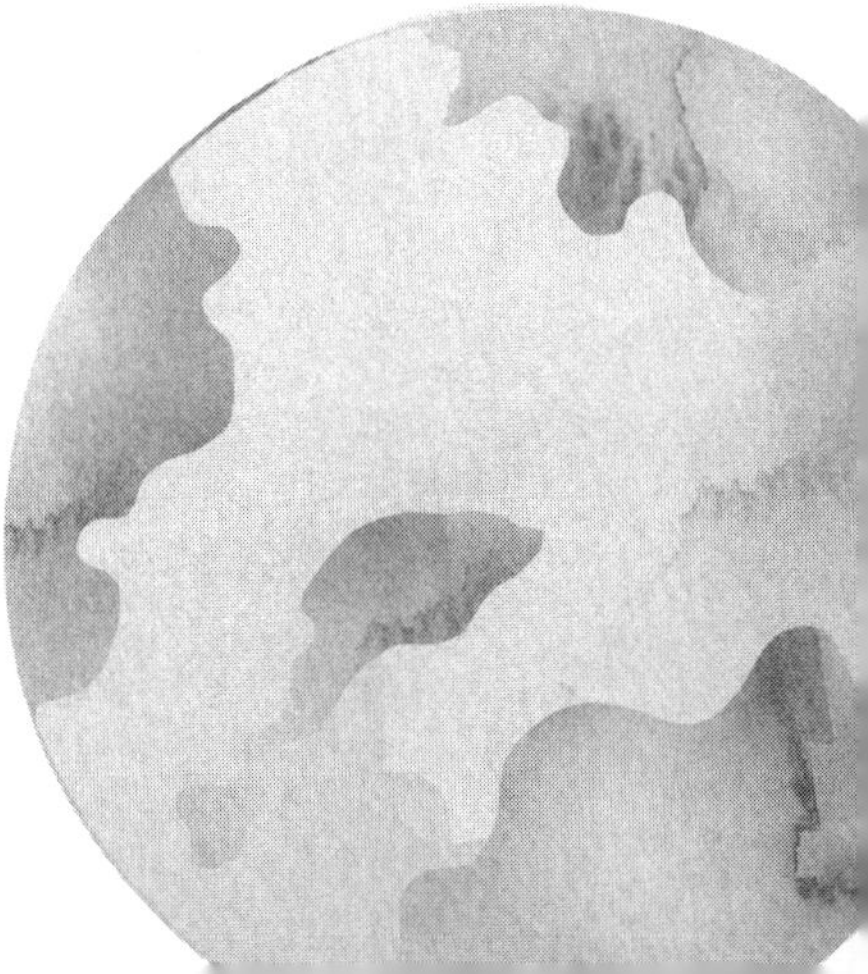

すように育っていきます。

満たされたたらいの水に浮いた木の葉を引き寄せようとするとき、いくら水を手前にかいても木の葉は思うように寄ってきませんが、反対（相手）の方に押しやると、自然と木の葉は自分の方に寄ってきます。

それは、たらい一面に張られた水が木の葉を運んでくれるから。水とは幸せのことです。満たしてもらった幸せを他人に送ろうとすればするほど、その幸せは自分に戻ってくるのです。

しかし、満たされるのは当たり前、足りない、もっともっと！とかき集めようとすると、逃げていってしまうのです。

恩送りの精神を日本人の先祖は持ち合わせていました。

昔からのことわざや言い伝えにもこの精神が多数あることから、日本人は強制や信仰などでなく自然とやっていたことがわかります。

その中に、江戸時代の行動哲学、マナーとされていた「江戸しぐさ」と呼ばれるものがあります。

例を1つ挙げると「傘かしげ」というものがあり、これは、「雨の日に道ですれ違う際、お互いに傘を外側に傾け、相手が濡れないようにする」という知恵です。

この江戸しぐさ自体、口伝のためその真偽も問われていますが、真実を見極めることよりも、こういったいい伝えを伝承することで生き方を輝かせられるのなら、それはそれで素晴らしいのではないでしょうか。

江戸しぐさに限らず古いことわざ、格言などを学び直してみると、それぞれが尊いものであることが理解できます。ここで、私が大切にしている幾つかをご紹介します。

★「袖擦り合うも他生の縁」

袖と袖が触れ合っただけでも、それは輪廻を超えた因縁であるという言葉。出会いを丁寧に受け止める魂の視点が先祖から続いており、因と縁が結びつく結果を「宇宙の法」として理解していた。

★「情けは人のためならず」

人に掛ける情けはやがて自分に戻ってくるが、これはマイナスの行為に対しても同じ。自分が与えた行為は将来必ず受け取る。だからこそ、愛や思いやりを送り続けるべきで、トランスパーソナル（超自己）が宇宙の本質であることを理解していた。

★「お天道さんに対して澄まない」

人は常にハートチャクラを通じてお天道さん（太陽）とつながっている。だから、他者を傷つける恥ずべき行為で心が〝澄まない〟状態になるとお天道さんに対して悔い改め、生き方を整えることは当たり前だった。

★「傍楽（はたらく）」

傍（かたわ）らの人が楽になることをどれだけできたかがその人の真価であり、徳を積むことが目標とされてきた。それが後に「働く」という言葉になったといわれている。

★「和談」

問題が起きると3日以上も話し合い、それを最終的に長老がまとめたといわれている。和談は対立が目的ではなく、気づき合いが目的であり長所を探し合った。また、認め合うことで調和が生まれた。そこには魂の視点があった。

★「うかつ謝り」

江戸の道はごった返していたので足を踏まれることも多く、その際、踏んだ方が謝っただけでなく、踏まれた方も謝ったというお互いさまの意識があった。謝り合うことで赦し合い、その場で問題を解消できた。

以上のように、日本人には、助け合うことを強制ではなく自然とやる精神性が備わっていたのです。

恩送りでつながる経済は善なる循環が起きます。分断が和解に、不信が信頼に、恐怖が愛に変わります。

私は2012年から、「これからの人類は与え合う経済に移行していく」との考えから「恩送り」の活動をはじめました。

「恩送り」との出会いは、「サービススペース（Service Space）」の創始者ニップン・メッタ氏をルーツとする「カルマキッチン」であり、最初は小さな食事会を私がプレゼントするという形ではじまりました。

すると、その食事会の参加者が次の参加者へと〝恩送り金〟を贈り、その恩送りでまた次の食事会が開催されることになりました。

こうして全国各地で食事会が開催されるようになり、200人規模の恩送りフェスタの開催も重ね、10年間で1200人以上の方々へと恩が贈られ続けています。

10年の恩送りの活動を通して気づいたのは、与えれば与えるほど本当の豊かさにつながるということでした。

豊かさとは何でしょうか？

豊かさについて考える、次のような実験がありました。

デューク大学のラリンアンク博士は、薬のセールスマンを対象に優秀な成績を収めた場合、その人に報酬を与えるグループと、チーム全体に報酬を与えるグループとの実験をしたのです。するとチーム全体のために奉仕した方が、営業成績が上がることがわかりました。

この実験をスポーツのチームでも行い、優秀な成績を収めた場合、その人に報酬を与えるグループと、チーム全体に報酬を与えるグループの実験でも同じ結果が出ました。

次に、銀行家を対象にした実験では、優秀な成績を収めた場合、慈善団体に寄付をするグループの幸福度が増すことが明らかになりました。つまり、受け取るよりも与える方が深い幸せと快感を得られるのです。

実際に経済的な観点からも、それが言えるのです。

ハーバード大学経済学者アーサー・ブルックス博士の実験では、アメリカ41地域3万世帯を対象にした調査があります。世帯当たり慈善団体に100ドルを寄付した世帯と何もしない世帯のその後の年収について調査しました。

すると、寄付した世帯はその後収入が上がり、平均で375ドルほど年収が上がったのです。

与えることは豊かになるのです。恩送りをし合う経済は成り立つのです。

これまで、恩送りの活動を10年してきて言えることは、「お金がないと食べていけない」と私たちがマインドコントロールされているということです。

食事会にしてもフェスタにしても開催にあたっては、会場費は？　人件費は？　光熱費は？　と費用に関わる問題に直面します。

そのたびに、つい頭の中で計算してしまうのですが、それを手放し、「まずは、与えよう」と切り替え、皆さんのために捧げ尽くすという境地に至ると、驚くような奇跡が起きるのです。

例えば、恩送りをはじめて1年目に北海道へ贈る機会が訪れました。

飛行機代や場所代などを普通に計算すると、それまでの恩送りで集まった基金だけでは足りないことから、私の方から更なる恩送りをしたのです。

すると、北海道の食事会に参加された方が、次の言葉を述べられたのです。

「私はこれまでお金を追い求めてきましたが、今日、それ以上のものを受け取りました。これからは恩送りで生きます」、と。


私の心は、歓喜で満たされました。

また、食事会の翌日、会場のオーナーに会場費をお渡ししたところ、「これは受け取れません。私からの恩送りとさせてください」との申し出がありました。

このようにして、私もお金以上の豊かさ、贈った以上のものを受け取ったのです。

真の豊かさは感動であり、魂に刻まれる深い喜びです。


その後、100人規模の講演会への出演の機会をいただいた際、イベント当日その主催時に、この恩送りの体験をお話しししました。

すると、その講演会の最中に、同行したスタッフが主催者からの伝言を受け取りました。

「この講演会の売上を恩送りさせていただきます」

私はイベントの進行中だったにもかかわらず、涙があふれて仕方ありませんでした。

「与えなさい。それは4倍になって戻ってくる」とはエドガー・ケイシーの言葉ですが、与えるという行為は波動を高め、より豊かに、幸せになれるのです。

では、幸せとは何でしょうか？

「幸せ学」という学問がありますが、幸せには2種類あるそうです。

それは、長続きしない幸せと長続きする幸せの2つであり、前者は「地位財」と呼ばれ、後者は「非地位財」と呼ばれます。

地位財とは地位、財産、名誉、お金など追い求めることで得る幸せです。また、比べることで満足を得るので、永続的ではなく、それがなくなった途端に不幸せになります。

一方で、非地位財は社会の状態、身体の状態、心の状態で、人から必要とされたり、感謝されたり、与えることで得られる幸せです。他人との比較に関係なく幸せが得られ長続きします。

本当の幸せとは、与えることで得られるのです。

幸せを得るには心の中にある思い込み、観念、信念、拘（こだわ）り続けるものを放棄することです。そうすると、本当の幸せにつながるのです。

また、量子フィールドに残る不浄な経験の記憶をどれだけ手放すかが、大切な鍵になります。

魂の禊が求められるのです。

10 年以上 1200 名以上の恩送りで続いている『恩送り食事会』

恩送り食事会恒例の三尺三寸箸を体験中の参加者

全国各地の恩送りを経て東京で開催された第 1 回恩送りフェスタ

第5章

新しい地球のための経済とコミュニティのはじまり

――メルマガ「白い鳥からのお便り」から

お金のいらないコミュニティがスタート

岡本天明氏が遺した予言書『日月神示』には、「悪の仕組みは日本魂を根こそぎ抜いてしまって、日本を外国同様にしておいて一飲みにする計画であるぞ。日本の臣民、悪の計画通りに尻の毛まで抜かれてもまだ気付かんか」という文があります。

また、『一二三神示』には次の記述があります。

「今の経済は悪の経済と申してあろうがな。ものを殺すのぞ。神の経済物生む経済ぞ。今の政治はもの壊す政治ぞ。神の政治は与える政治と申してあろうが」

〈一二三神示　第六巻　日月の巻　第六帖〉

今の経済の仕組みをちゃんと捉え、その上で目指すべき経済の方向性がここに述べられています。

今、与えることではじまる経済の仕組みに近づくための通貨も誕生しています。

それは、「eumo（ユーモ）」という共感コミュニティ通貨のことで、応援したいお店や企業にこの通貨を介して渡していく仕組みです。

この通貨には期限があるために、富を貯めることはできず、常に循環し続ける形になります。

また、ここでは信頼がベースにあり、お互いを応援しあう共存共栄の互助が行われています。

これも、相手を精いっぱい喜ばせるという、互助互恵の精神がベースになった日本人が大切にしていた考え方です。

お金の要らない国の実現に向けての取り組みもはじまっています。

坂井勇貴氏が代表を務める「サイハテ（2024年現在休止中）」と呼ばれるコミュニティでは、「タダの箱庭」と呼ぶプロジェクトをスタートさせ、お金が消えた世界を実現する共同体を実践しています。

親切心や贈与を通じてつながるコミュニケーションを目指しているのです。その基盤となる考え方は、行動経済学に裏打ちされたものです。

行動経済学では「市場規範」と「社会規範」に分け、その規範を理解し適用することでスムーズなコミュニケーションが可能になることが提言されています。

「市場規範」とは損得が働く世界のことであり、「社会規範」ではそれがない世界のことです。

例えば、好意を寄せている異性がいる場合、その異性と食事をして楽しむ、ここまでは「社会規範」ですが、そのお会計時に「割り勘でお願いします」といった瞬間に一気に「市場規範」の世界が感じられ、好感度が落ちていく状態になります。

「市場規範」とは、資本主義経済で基準とされている損得勘定を言い、「社会規範」はそれがない状態です。

「誰かのために何かしたい」という気持ちは幸せになれるのです。その幸せを目指して見返りを求めず贈与で生きられる世界を作るために、この試みがあるのです。

そのために「市場規範」なのか、「社会規範」なのかが理解できる本を1万人に贈り、それがやがて100万人規模になり、見返りを求めずにギフトしていく「タダの箱庭」がはじまっているのです。

インドで見た信頼がベースの社会

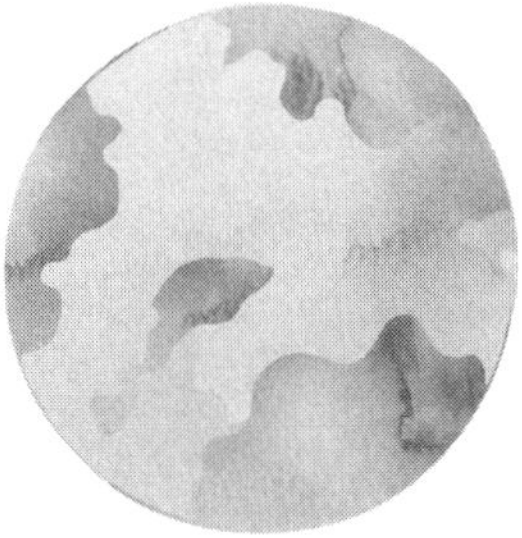

信頼がベースの理想的な社会の在り方をインドでみました。

ブラーマ・クマリスという共同体の瞑想団体を訪れた際のエピソードですが、この団体の本拠地はインド西部のマント・アブーにあるマドバンと呼ばれる施設にあります。

ここは広大な敷地の中に、病院、畑、テレビ局があり、太陽の集光施設で所要電力の１２０パーセント以上が賄われる自立型のコミュニティがあるのですが、驚くことに、それらがすべて奉仕で成り立っています。

ここでは金銭的な見返りが一切あるわけではなく、技術も食事も住居もすべてが寄付で賄われています。

まさに、これからの人類のあるべき姿がそこにありました。

この時の様子について、当時のメルマガをご紹介します。

mail magazine

2020年1月22日から29日までの1週間、インドへ行ってきました。初のインド渡航です。

生涯忘れることのない密度の濃い旅となりました。

まず、インドの首都デリー上空に入った際、びっくりしたのは、大気が茶色く煙たく見えたことでした。デリーに入った時の印象は「大気汚染の酷さ」でした。

デリーから、1日目の目的地アーメダバー

インド滞在時の筆者

ドへの途中、日本からの飛行機が遅れて乗り継ぎが危ぶまれたのですが、国内線はそれ以上に遅れ、逆に出発を待つことになりました。

案の定、初日の宿泊先、アーメダバードにあるロータスハウスという施設への到着は22時半過ぎになりました。

ここで、インドでの「時間」に対する考え方の違いを学びました。後日、現地在住の日本人の方から「約束した時間から1時間後に行動するぐらいの気持ちになった方が良い」とアドバイスいただきました。

その日はそのまま、早くに寝たのですが、3時半に音楽が流れ起こされてしまいましたが、それは、ロータスハウスで毎朝4時から行われている瞑想の時間を知らせる音楽でした。

朝になると、自動車で今回の旅の目的地マウント・アブーへ向かいました。外へ出ると、何と道路を普通に牛が歩いていました。牛が身近な動物であり生活の一部となっているのです。

さらに驚いたのは、道路に広がるごみの多さです。

ペットボトルやプラスチック、ビニール、生ごみが普通に道路の脇に捨てられています。自動車は我先にと追い越しをかけ、時には反対車線を平気で利用します。

日本では考えられない運転の仕方ですが、インドでは当たり前のようでした。日本人がいかにルールを守って行動しているかがよくわかりました。

ようやくマウント・アブーにあるキャンパスの1つ、シャンティバンに着きました。

そこで、最初に見学したのは、「インディアワン」という太陽光発電システムです。

太陽光が一点に集まり続けるように、365日24時間、太陽の動きに合わせて動

インド街中にて闊歩している牛と筆者

く太陽光発電で周辺のすべてのエネルギーが賄われ、余った電力は政府に渡しているとのこと。

開発者のブラザー（ここでは、家族としてそのように呼び合います）に、技術の説明を受けました。鏡のような反射板をパラボナ状に並べたパネルで光を一点に集光すると、鉄をも溶かす１２００度近くの高温で暖められた蒸気でタービンを回し発電させるシステムです。

この集光パネルは手作りであり、現地で調達できるものでパネルを作っているので廃棄物の問題は起きてないとのこと。

何よりも、見返りを求めずにこの技術を公表し、喜んで世界中に提供していること

インドにある太陽の集光施設　エネルギーの自給に成功している

開発者が集光について説明している

「インディアワン」廃物で作られた手作りの太陽光発電システム

に深く感動しました。

奉仕し合うコミュニティだからこそ、これだけ高度な技術が生まれるのだと思いました。

新しい技術は、開発者がその利権を維持するために公表しないのが普通です。また多くの研究において、他者の研究を認めないのも常です。ですが、ここではすべてが共有され、一流の技術者、科学者が関わって開発にあたっています。

◆コミュニティの中心にあるのは瞑想

ここマウント・アブーにあるマドバンは、「プラーマ・クマリス」という瞑想団体の本拠地であり、今回、インドに映画『祈り～サムシンググレートとの対話～』を招致してくださいました。

ブラーマ・クマリスは国連広報局に加盟し、国連経済社会理事会に諮問資格を持つＮＧＯ組織です。

創立者のレクラージ・クリバラーニは宝石商でしたが、50歳代に経験した霊的体験を機に瞑想中心の生活に入り、勉強会を立ち上げました。

「ブラーマ・クマリス」の敷地内

それはやがて、瞑想や自己変容を研鑽（けんさん）する自給自足コミュニティ、ブラーマ・クマリスへと成長し、今では全世界１４３か国１５０万人が参加しています。

このコミュニティの中心には瞑想があり、その思想にはカルマに対する深い理解があります。

日本ではカルマと聞くと〝罪〟という印象がありますが、実際にはカルマとは〝行い〟を意味し、善い行いも悪い行いもすべて自らが受け取るようになっています。

ここの人々はそのことを理解し、人間は肉体を超えた存在であると理解しているので、喜んで奉仕するのです。

なぜなら、美徳は将来の自分への恩恵になるからであり、悪徳は積みたくないという思いも自然と起きるのです。

敷地から見える「マウント・アブー」

ブラーマ・クマリスのキャンパス内は、花や木々、鳥や動物たちも、不思議なくらい生き生きとしています。
ここの人々は日々瞑想し、美徳を積むことを目指しているので、生きとし生けるものがその思いに応えています。

地球蘇生プロジェクトの理想とするコミュニティ、恩送りコミュニティがここにある……。

マウント・アブーの麓にあるシャンティバンの太陽光発電施設見学の翌日、早朝から瞑想体験を行い、医師のサビータ博士による瞑想の身体への効能についてレクチャーを受けました。

ブラーマ・クマリスの敷地内には「グローバルホスピタル」と呼ばれるホリスティック医学の病院があります。

そこで行われた瞑想の実験で、実際に動脈硬化が治った話なども伺いました。

またしても、ブラーマ・クマリスの科学者チームの研究のすごさを感じました。そしてそれは、映画『祈り』の取材中に見えてきた科学的見解と一致したのです。

その後、シャンティバンの敷地内にあるスタジオ（Godlywood Studio）で、トーク番組に出演しました。

このスタジオは本格的なテレビ局であり、プロの技術者が仕事をしていますが、これらもす

インドのテレビ番組に出演中の筆者

べて寄付と奉仕で賄われているのです。

与え合う喜びを知った人々がこんなにも大規模に、しかも最先端の技術を駆使し放送局を運営しているのです。

放送局の責任者のブラザーは終始笑顔で、奉仕する喜びを感じているのが伝わってきました。


いよいよ収録の時間になると司会者と打ち合わせを行いました。

先方からの質問である①私のこれまでの旅路について、②私がエンターテイメントでなくドキュメンタリー映画を作る理由、③彼らへのメッセージ、に関してはすぐに回答が浮かばなかったので

番組司会者と筆者

映画『祈り』や自身の人生について語った

頭上の光に意識を向かわせました。

収録が開始されると、言葉があふれ出し、あっという間に本番が終了しました。

収録後に責任者から会いたいと言われ、私の出演に感謝を伝えられた後、「次のプランは何か」と聞かれ、「福島で起きたこと、そこから地球の汚染の解決策を伝えることです」と話し、映画『蘇生II～愛と微生物～』をいずれインドに呼んでいただきたいとお伝えしました。

収録の後、タポバンと呼ばれる「ヨギ農場」施設の見学をしました。車で10分ぐらい離れた場所ですが、そこまでの光景は、ごみだらけで決してきれいとは言えず、同じ世界とは思えない光景でした。

タポバンに到着すると、施設の中はまるで別世界のように植物や道端の花があざやかで美しい景色でした。

アーチ状のトンネルを潜り抜けると、広場でヨギ農場の方々が歓迎してくださいました。

今回のこのツアーを率いるブラーマ・クマリスの滝沢裕子さんがヒンズー語の歌を披露し、私たちも日本語の歌をお礼で歌わせていただきました。

まるで天国にいるような世界がここにありました。

ここのヨギ農場は、瞑想を取り入れて作物を育てており、それにより、種子の発芽率が最大7パーセント、小麦の収量は有機農業と比較して4年間で25パーセントも増加したそうです。

生き物が意識の力に応えているのです。これら

瞑想によって育てられているぶどう。通常より多く実りが出来る

の実験はブラーマ・クマリスの科学者チームと世界の名だたる大学との共同研究で進められているとのこと。

この日の夜、瞑想の指導者であるラジュバイ氏に、ブラーマ・クマリスが行うラージャ・ヨガの話を伺いました。

「あなたは誰？」「あなたは誰とつながっている？」「私の魂の家はどこ？」など、胸の奥に響くキーワードが私の中に広がるのがわかりました。

これらの問いかけを額の中心の光に向かって続けると、肉体を超えた意識だけの世界が広がります。

自分は肉体を超えた魂の存在であり、頭上の光に意識を向けると、魂に滋養を与える光が無限のエネルギーを与え続けていることに気づいたのです。

その夜からずっと頭上がむずむずとし続け、私の中に豊かさが広がっていくのがわかりました。

いつでもどこでもすべての者は認められ、赦され、愛されているのです。それは、深い気づきでした。

◆人類よ、目覚めなさい！

ラージャ・ヨガの基本を教わった翌朝、シャンティバンの宿泊施設（バイクンス）から自動車で山を登っていきました。曲がりくねった道を揺られながら、自動車の車窓から見えるインドの山々の光景は神聖に感じられました。

1時間ほどで山の上にあるキャンパス、ギャンサローバに到着しました。

ハーモニーホールと呼ばれる巨大なホールでは、早朝にもかかわらず千人近い人が

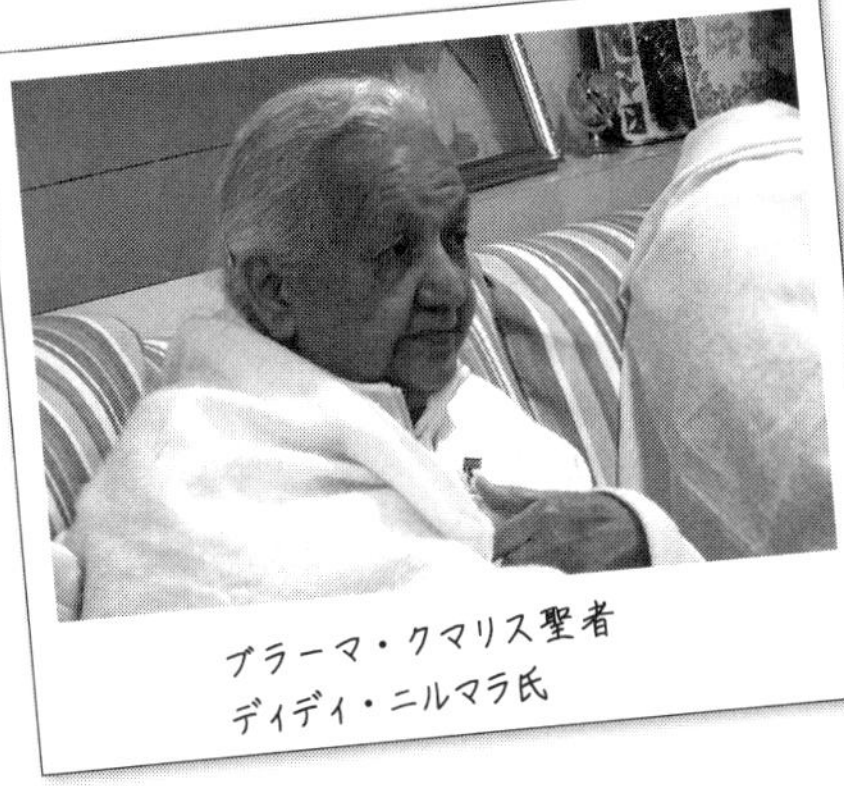

ブラーマ・クマリス聖者
ディディ・ニルマラ氏

講義を聞いていました。

舞台上でひときわ輝きを放つ老女が、ブラーマ・クマリスのアジア・太平洋地区の総責任者ディディ・ニルマラ氏でした。

今回のツアーに参加した日本人は前列に座るように言われ、彼女の講義を聞きました。ヒンズー語なのでわからないのですが、高尚なエネルギーが伝わってきました。

すると突然、「日本からゲストが来ました。彼は映画監督であり、今晩、彼の映画をここで上映します」と、紹介されたのです。

私は壇上に呼ばれ映画の説明を求められたのですが、準備もしていなかったので躊躇しつつも「白鳥哲と申します」と、第一声を発した途端、皆さんが関心を持ったことを感じました。

「白鳥（サムサ）」という名は、現地では身を護る護符の象徴で、ムードと心を変え新しいことを迎えるという意味があるようです。そのおかげで気持ちのままに説明することができました。

朝の講義が終わると、ディディ・ニルマラ氏とお話しすることになりました。彼女は温かく迎えてくださり、「滞在中に〝ババ〟からのメッセージを受け取れるように」という祝福の言葉をいただきました。

〝ババ〟とは、教父を意味する敬意と親しみを込めた言葉です。実は前日にラージャ・ヨガの基本を教わった時から、頭上部がむずむずしていて暖かい何かを感じていました。

この「頭のむずむず」と「〝ババ〟からのメッセージ」は同じものであると感じました。

ディディ・ニルマラ氏との面会を終え、朝食後にギャンサローバの一角にある、スパーク（SpARC）という科学者チームの研究棟へ案内されました。

このスパーク（SpARC）は、瞑想を科学的に調査するグループであり、展示パネルを見ながら、ブラーマ・クマリスで伝えられている宇宙観を聞きました。

「時間はサイクルで動き、5千年周期で同じことを繰り返している」

「今までの時代は鉄の時代で、これから1250年が〃ゴールデンエイジ（黄金の時代）〃に移行する。今はその端境期にいる」

ゴールデンエイジとは、アフリカや他の先住民族たちにとっての「新しい時代」を表す言葉です。

今、私たちは時代の大きな節目にいます。この時代に、ここに来た深い意味を感じることになりました。

スパークの責任者からの説明で、ここでの瞑想の科学的な成果が、世界のトップレベルのものであることを知りました。

現在のブラーマ・クマリスの最高指導者の脳波測定結果や「1万時間の瞑想でDN

Aが変わる」というお話など、驚くべき実証内容が説明されました。

また、責任者から、「あなたの映画のことは知っています。ぜひ、日本の科学者と話したい」と言われました。

とっさに筑波大学名誉教授 村上和雄先生のことを思い出し、先生におつなぎすることを伝えました。

帰国後、この話を村上先生に報告すると大変に喜ばれ、今後、インドとの共同研究がはじまるかもしれません。

午後は、「グローバルホスピタル」と呼ばれるホリスティック医学の病院に行きました。

その病院は、西洋医学のみならず、アーユル・ヴェーダやヨガなどを取り入れたホリスティック医学の病院でした。

ここも寄付で賄われていて、地域の住民はほとんど無償に近い形で利用できます。

院長の他、関係者の皆さんが良いカルマ、つまり、美徳を積む意味を知っているのです。関係者の温かい眼差しと笑顔には深い慈悲が満ちあふれていました。

その後、ピースパークと呼ばれる庭園に行き、昔から伝わる抒情詩「ラーマーヤナ」の人形劇を見ました。

人気の抒情詩ラーマーヤナに登場する鬼神クンバカルナ。山のような巨体を持ち、立ち上がった姿を見ただけで、戦士でも逃げ出すほどの恐ろしい風貌ですが、性根は穏やか。クンバカルナは眠り続け、天使た

施設内の科学者チームから瞑想の科学的データの分析内容を聴く

ホリスティック医学病院「グローバルホスピタル」にて説明を受ける筆者

ちが目覚めるように促します。

その様子は、今の人類とダブってきました。天からの警告を無視し続ける今の人類を見ているようでした。

「目覚めなさい！」と言われているようで、こみ上げてくるものがありました。

私たち人類は、目覚めなければいけない。

すべての神聖なエネルギーに生かされ、常に守られ慈しみをいただいていることに気づき、善き行いをしなさい。憎しみが深いところを愛で満たし、悲しみを喜びに変え、恐怖を愛に変えよ。

まるで、そう言われているようでした。

夕刻になり、夜6時から、映画『祈り』のインド初上映がギャンサローバではじまります。

しかし、6時近くになってもリハーサルをやっている状態であり、お客さんもまだ集まっていません。そこで、私の講演を先にすることになりました。

会場には、いつの間にか300名近くが来場していたので、自己紹介の後、お話しさせていただきました。

この映画は私自身の経験がもとになっていることや、また、科学における意識研究の最先端についてお話ししました。

上映中はドキドキしながら会場の脇でお客さんの様子を覗いていました。ここでの上映は英語字幕版ですが、それをさらにヒンズー語に同時通訳されます。

映画『祈り』上映会場

映画『祈り』上映前の講演中の筆者

映画が終わると観客がものすごい勢いで私に近寄ってきて、「この映画はなんてすばらしいんだ!」「すごい!」などと感想を伝えてくれました。ディディ・ニルマラ氏からも「この映画は全人類が観るべき映画です」とお言葉をいただきました。

「滞在中にババからのメッセージを受け取れるように」と言われた真意が理解でき、深い感動と充実感があふれてきました。

◆日本人が愛と調和を世界に伝えていく

映画上映の翌日、ブラーマ・クマリスのスポー

映画『祈り』上映中の観客。食い入るように観ている

映画終了後大勢の観客にサインを求められる筆者

クスマン、ニルウェアバイ氏にお会いすることになりました。

マウント・アブーにあるキャンパス、シャンティバンには、宿泊施設バイクンスの他にも巨大な施設が幾つもあり、その中の1つにニルウェアバイ氏がいらっしゃいました。


建物に着き、ニルウェアバイ氏が現れると、空気が一変し神々しさが部屋を覆いました。

ニルウェアバイ氏は、私たち日本人の訪問者を無言で見回すと私の側に来て、隣の椅子に座りしばらく私の目を見つめました。

おそらく、5分間ぐらいずっと、無言で私の目を見つめるのです。一緒にいた人たちはその様子に驚いたはずですが、その沈黙の中に広がる深い慈愛を感じられたはずです。

聖者ニルウェアバイ氏

見つめ合う間、動揺する瞬間もありましたが、ある瞬間から彼の奥にある存在を感じはじめました。

ブラーマ・ババと呼ばれる、ブラーマ・クマリスの創設者レクラージ・クリパラーニ氏の光と存在が飛び込んできて、愛と平和のエネルギーが魂まで流れ込んできたのです。

「あなたは5千年前にここに来ましたね」

私はその言葉を聞きながら、これは自分に言っているのか、それとも皆に言っているのかと戸惑いましたが、途中から自分の記憶の中に懐かしさがあふれてきました。

私はここに来たことがある……、という感覚が湧いてきました。

聖者ニルウェアバイ氏と対談中の筆者

ニルウェアバイ氏はこう続けました。

「あなたは〝ワールドメッセンジャー（世界に伝える人）〟であるとババが言っています」

その言葉に涙が出てきました。私自身、ずっと〝自分はメッセンジャーである〟と信じて映画を創り続けてきました。

私は感謝を伝えました。

その後、ニルウェアバイ氏から全員にお話があり、ツアー参加者が質問をしました。

「これからの日本に何を期待しますか？」

「日本は日の出ずる国。その象徴としての働きを希望します」

私たち日本人は、これからのゴールデンエイジを象徴する働きである調和、思いやりの心を世界に伝え、お手本を示していくのです。

穢れたところがあれば率先して綺麗にし、対立があれば和すことをし、敬意と愛ですべての国々、命を調和で満たしていくのです。

そして、地球を蘇生に向かわせ、世界を1つにしていく。その役割が私たち日本人、ヤマトの民にあるのです。


ニルウェアバイ氏からブラーマ・ババの写真をいただきました。

この出来事以降、物事が急激に加速しました。

彼との面会の直後、世界143か国で放送される衛星チャンネルでの映画『祈り』放映が決まったのです。

そして、テレビスタジオの重要人物との面会もセットアップされました。


その夜、ドクター・サビータ氏からインド女性の虐げられている状況、そして、それに対してブラーマ・クマリスが取り組む「女性へのエンパワーメント」のお話を聞きました。

女性が虐げられてきた歴史、現在も続いている事実に心が痛み、それに対する救済の取り組みに感動しました。

翌日、滞在の最終日、早朝4時からの瞑想（アムリットベラ）の後、今回のツアーを現地でサポートしてくれたシスター・ラジニ氏から「カルマ」についての講義を聞きました。そのお話から、美徳を積むことを今まで以上に心に決意しました。

その夜、寝台列車でデリーの郊外にあるグルガオン駅まで行き、そこから車でデリーのブラーマ・クマリスの施設「オームシャンティ・リトリート・センター（ＯＲＣ）」へ移動しました。

ＯＲＣでは、「水からの伝言」を世界に伝える林美智子さんと共にお話をする機会をいただきました。

会場には現地在住の日本企業、中国人、現地の方々がお見えになりました。

林美智子さんは、故江本勝先生の遺志を継いで、「エモトピースプロジェクト」の「水からの伝言」を伝える活動をされています。

ORCの中は、外の世界と空気が違い、孔雀（くじゃく）やリスなどの生き物たちがイキイキとしていました。多くの人々の瞑想に多くの命が応え、空間をも変化させるのです。

地球を蘇らせる鍵は、私たち一人ひとりの意識にあり、魂の家、サムシンググレートと一体化することが求められる時代がやってきているのです。

人類が目覚めるとき、黄金の時代の幕開けとなるのです。

インドでの体験記は以上です。

〈メルマガ　白い鳥からのお便り18〜21／2020年2月19日〜3月13日配信より〉

恩送りコミュニティを始動

いかがでしたか？

与え合うコミュニティがインドでは成立し、大規模に進んでいるのです。

そこで、日本でもこれを実現させたいという思いから、２０２１年よりオンラインで「恩送りコミュニティ」をスタートさせました。これはオンラインサロンですが、参加者たちは恩送りをベースに活動してくれています。

現在、自然農の農家、芸術家、画家、作家、音楽家、経営者などさまざまな業種の人々が互助互恵利他を目指して集まってくれています。

例えば、自然農の農家が田植えをするときなどには、日本中から、また海外からも人々が集い、福拾い（ごみ拾い）や微生物の散布活動、植樹、森づくりなど地球のた

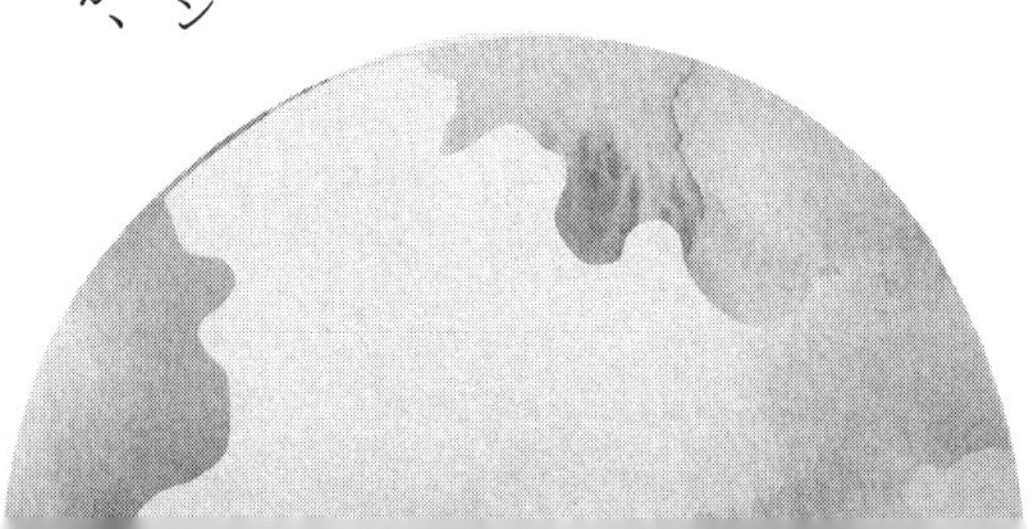

めの活動をはじめました。

この活動を通して畑をはじめたり、福拾いに目覚めたりする人も多く、内側にある神聖さを見出しはじめています。

「恩送りコミュニティ」の指針として、次のことを実践しています。

① ゼロ・ウェイスト（ごみを出さない生き方）を実践し、環境負荷を作らない
② 積極的にごみ拾い（福拾い）を行い、ごみを資源化させる
③ 環境の酸化腐敗の改善方法として、蘇生化に向かわせる発酵合成型の微生物を散布する
④ 森を作る植樹や間伐を行う
⑤ 世の中の真実を知り、その上で互助互恵利他の社会を目指す

昨年、日本で初めてごみを出さない「ゼロ・ウェイスト宣言」をした徳島県上勝町（かみかつ）を訪問した件について、メルマガで配信したので、ご紹介します。

8月8日、EUの気象情報機関が今年の7月の平均気温が観測史上、最も暑い月と発表しました。国連の事務総長は、「地球温暖化の時代は終わり、地球沸騰化の時代が到来した」と警告しています。

今の地球環境は暑すぎる、乾燥しすぎる、寒すぎる、雨が多すぎるなど、極端な世界になってきています。

この現状を見ると、環境を蘇生させるための取り組みが急務に思えてなりません。一人ひとりの行動は微々たるものですが、各々の意識が変わることで世の中は確実に変化していきます。

●ゼロ・ウェイストを実践する町

今回、「恩送りコミュニティ」の指針の1つ、「ゼロ・ウェイスト」の取り組みを学ぶために、日本で初めてゼロ・ウェイスト宣言をした徳島県上勝町へのツアーを実施しました。

結果的に、想像を超えたツアーとなりました。最初に「RISE & WIN Brewing」という上勝町のクラフトビールを製造するお店に行きましたが、店内は廃材を利用したお洒落（しゃれ）な内装となっています。

このお店にはランチで訪問したのですが、障子や古い建具がオブジェのようで美しく、郷愁に駆られました。

私の祖父は若い頃、建具を作る仕事に就き、廃材で間仕切りを創る仕事をしていたのですが、そんな祖父の姿に憧れを抱いていたことを思い出しました。

祖父の行動を通じて「廃材は捨てずに使う」とか「最後まで物は生かす」ということも教わっていたのだと思いました。

ランチ後、「吉成の隧道（ずいどう）」と呼ばれる遺跡へ向かいました。

途中の古来の土木技術で築かれた災害に強い穴太衆（あのうしゅう）の石積みについてはメルマガ「白い鳥からのお便り40」でお伝えしていますが、地元にあるもので賄えるのなら、地方財政が自立できるのです。

ですが今、日本は国が決めた設計、工法、やり方で統一され、最終的に地方の資金が大企業、外資に流れる構造になっています。

これにより地方財政が疲弊し、地元のニーズに即さないインフラが数多く作られ、結果的に崖崩れなどの災害の起きやすい山となっています。自然災害に中央の利権の問題が関わっているのです。

案内役をお願いしたゼロ・ウェイストアカデミー理事長笠松氏が、おっしゃいました。

「植樹祭でシカが荒らさないようにネットを張って植えるが、あれは間違い。放っておくのが一番。シカなどの鳥獣害は落葉広葉樹を植樹することで起きる。国の間違った施策で日光が射さない緑の砂漠状態になってしまった。さて、これをどうする？」

木を植えるだけでは、山林ではむしろ害になるので、手を加えないことが一番ではないか、という笠松氏の提案に、改めて山林の深刻な問題が突き刺さる思いがしました。

植樹と森、日本の山については１００年先、１０００年先を見据えた視点が重要になります。今回のツアーでは、山の問題について改めて考える機会となりました。

吉成の隧道の見学をしてから、ゼロ・ウェイスト認証店「Cafe polestar」に移動して、その後、ゴミステーションでごみを45種類に分けて捨てる「45分別」の仕方を見学し、ゼロ・ウェイストアカデミーに移動しました。

ここでは、映画『ゼロ・ウェイストＰＬＵＳ』の出演者たち、笠松氏、ゼロ・ウェイストアカデミー理事の江間さんと共に「ごみを出さない生き方」についての対談を行いました。

この対談で、3つのキーワードが出ました。

① シンプルであることが一番
② 買うよりも創ること
③ 1人の行動が町を動かし世界を変える

まず1つ目は、無駄をなくしてシンプルな生活にしていくこと。買う必要がないものは買わない。必要なもの、必要なことだけをやる。その生き方によりごみが出ないし、より豊かさを感じやすくなる。

2つ目は、「買う」よりも「創ること」。買う前にそれは必要か？自分で創れないか？と思い直すことで、よりクリエイティブで豊かな生活になる。豊かさは、ものを買うことから得るのではなく、行為によって得られる。

３つ目は、１人の行動が自分の街を変え世界を変えていくということ。

上勝町がゼロ・ウェイストを推進できたのは、ある１人の女性の行動がきっかけでした。映画の出演者でもある「Cafe polestar」の店長、東輝美さんのお母様がごみを出さないことを率先して役場内で示し、さらに分別を進めるために資源回収業者を探し出してくれたことが力となったのです。そして、この町の取り組みが、世界に伝わっていったのです。

私たち一人ひとりが生き方、生活の在り方を変えて発信する行為は、世界を変えていくのです。

〈メルマガ　白い鳥からのお便り43　２０２３年8月12日配信より〉

●ごみ拾いは福拾い

また、ごみを出さない生き方と同時に必要になるのが、地球全体に広がるごみをどうするか、についてです。

「恩送りコミュニティ」では、その実践として福拾い（ごみ拾い）をはじめました。ごみは、適切に処理すれば資源として生まれ変わります。〝ごみ拾い〟は〝福拾い〟であると気づいたエピソードをご紹介します。

2021年8月、新作映画『ゼロ・ウェイストPLUS〜持続可能な暮らし〜』が完成して

すべてのごみを灰にして資源化する「アースキューブ」

ごみ拾いは福を拾う行為

から、私の周辺が少しずつ変わりはじめました。1つは「ごみ拾い」の実践。そして、ごみへの考え方、見方が変化したことです。

7月に訪れた岩手コンポスト（ごみ処理施設）に続き、8月下旬、ごみを資源化する「アースキューブ」という機械を製造する愛知県春日井市にあるカツミ工業を訪れました。カツミ工業は、西脇徹さんが代表取締役社長を務めています。

西脇社長は、もともと鋳型の製造業をしていたのですが、劇症肝炎という難病にかかり、病に伏した時期に「人の役に立ちなさい」という言葉に出会います。

映画『福拾い～ごみは資源となる～』撮影中のごみ拾いをするジャッカル氏

ごみ拾いの様子

以降、彼はその言葉の通り感謝を忘れずに、人の役に立つように生きることで難病を乗り越えたのです。

そこから西脇社長は、ごみを取り扱う仕事をするようになったのです。

彼は、もともとごみを資源化する「アースキューブ」という機械に関わっていたのですが、普及活動を本格的に行うようになりました。

「アースキューブ」はごみを入れ、段ボールと新聞紙で着火させると、そのまま熱源を維持しごみを処理し続けます。この機械は250~300度近くで処理されるため二酸化炭素、ダイオキシンが発生せずに、無酸素の状態で熱を維持し、無害でどんなごみも処理できるのです。

実際にその工程を見ると、ビーチなどで拾うごみを機械に入れると数日で一部が油

ごみ拾いで拾った巨大なごみ

になり、残りは灰になります。内容物にもよりますが、灰は水分を多く吸収するため、災害時に有効活用することが可能とのこと。

また、その灰をセラミックスと合成すると、「ハイドロボール」という素材に変わります。この素材はサボテンなどの観葉植物の土として活用できます。「アースキューブ」を使えば、どんなごみも資源となるのです。

また、西脇社長が素晴らしいのは、ごみ処理の工程で、新たな雇用を生んでいることです。

ビーチクリーンで拾われたごみは、砂が付着してそのままでは処理できず、洗浄作業が必要になりますが、この作業を、障がいを持たれている方にお願いして雇用を生んでいるのです。

次に、洗浄作業を行う一般社団法人「ワンネス（oneness）」という施設を訪れました。ここでは、自閉症や障がいを持たれている方々が作業に集まり洗浄作業を行いますが、皆さん、喜んで作業していらっしゃいました。

訪問日はちょうどお給料日で、一人ひとりに感謝と共にお給料が渡されていました。名前を呼ばれ、受け取る様子から皆さんの喜びが伝わってきました。

働くというのは人から感謝される行為なのだ、と労働の原点を見た思いがしました。人や地球、すべてのいのちに感謝される行為が、本来の意味で「働く」ことなのです。

その後、施設の職員で通称ジャッカルさんと呼ばれている山本和弘さんとお会いしました。ジャッカルさんは、愛知県の内海海岸に引っ越してからの約2年間、その前の名古屋にいた時から10年以上、ごみを拾い続けている方です。

私も彼らと共に、ごみ拾いをしました。取材当日、海岸にはごみが山ほどありました。

ビン、缶、ペットボトル、タイヤ、まな板、包丁など。次々と拾われるごみから、こういうごみが普通に落ちている海岸の姿に胸が痛む想いがしました。

毎日、ごみ拾いをして嫌にならないかとお聞きすると、「いいえ。実は私は、ごみ拾いをして地球をどうこうしたいとか思っていません。ただ、ごみ拾いをすると良いことがあるのです。地域の人がお酒をくれたり、ご馳走してくれたりなど。だからただ、自分のためにやっているのです」とおっしゃいました。

さらに、「この海岸でごみ拾いをしてみると星が綺麗で夕日も美しく、ここで収入は減ったけど、心は豊かになった気分です」とも、おっしゃっていました。

ごみは適切に回収して処理すれば恵みをもたらす資源になります。

また、ごみを拾い続けることは、自分の心を浄化し、結果として良いものを引き付けて豊かになっていくのです。

ごみだらけになった地球を蘇らせるのは、誰のためでもない私たちのためです。
「ごみ拾い」は「福拾い」なのだと、改めて気づかせていただきました。

〈メルマガ　白い鳥からのお便り31〜　２０２1年10月16日配信より〉

こうして〝ごみ拾い〟を〝福拾い〟と呼び、資源化のための取り組みをはじめました。

実際にこの取り組みをされている人々と出会い、希望が見えてきました。１人の行動が全体に波及していくヒントがここにあるのです。

福拾いの活動を通して実感しているのは、福拾いは同時に心を浄化する行為であるということです。

植樹活動を通して地球を尊ぶ

次に、未来に残す地球にするために森づくりもはじめました。その第一歩が植樹です。植樹活動は、生命体としての地球を尊ぶことを学ぶいい機会になります。

植樹については短編映画『木を植えよ』でご紹介していますが、まだ勉強不足なのでNPO法人「MAKE HAPPY」さんから学ばせていただいています。

２０２２年5月に岩手県石巻市にて、ＮＰＯ法人ＭＡＫＥ ＨＡＰＰＹ主催の植樹祭が開催され、地球蘇生プロジェクトも共催という形で参加させていただきました。

今回の植樹は、水源の森を守るためのものであり、地球蘇生プロジェクトのビジョンとも重なり、長い間望んでいたことでした。

石巻駅に着くと、ＭＡＫＥ ＨＡＰＰＹ代表の「かごしマン」こと谷口保さんが温かい笑顔で迎えてくださいました。彼とは、２０１４年に北海道洞爺湖（とうやこ）で行われた植樹祭以来の再会でした！

開催場所に向かう車の中で、彼は言いました。

「石巻のボンランティアに最初に入ったのは、３・11の5日後、3月16日でした。そこからMAKE HAPPYの災害支援部門として発足した〝め組Japan〟としてボランティア活動をスタートし、最大2万人でのボランティア活動に加わりました。そして、そのまま石巻に住むようになって、もう11年。一番長くいる街が、ここ石巻になります」

お話を聞きながら、10年以上ボランティアをされていることに頭が下がりました。

植樹場所となる南浜津波復興祈念公園に着くと、そこは、2011年3月の震災直後に訪れていた場所でした。

私が訪れた時は、津波によって船や家、自動車が流れ着き、町は茶色い砂ぼこりにまみれていたのですが、今は公園となり、カフェや震災の記憶を伝える施設もあり、植樹のための苗木が育つビニールハウスが並ぶ広大な植林場所となっていました。

建物の裏に広がる芝生の広場で、今回の植林をする30名近くのメンバーが自己紹介を行いました。

最初にかごしマンのお話があり、続いて、私から地球蘇生プロジェクトの説明と恩送りコミュニティで目指すことなどをお話しさせていただきました。

その後、皆さんの自己紹介ですが元銀行マン、元国連職員、教員など多彩な職種の方々が植樹にかける思いを話してくださいました。その時、私は、2021年に亡くなられた故 宮脇昭先生に思いを馳せていました。

宮脇先生は、世界中でその土地の潜在自然植生の木々を4千万本植えるという業績を残されました。

映画『木を植えよ』に出演していただいた際、潜在自然植生と呼ばれる木々について学んだことが、私の植樹への思いの原点の1つとなっています。

2022年5月 岩手県石巻市で共催した植樹祭の様子

作業の方は、ポットに入れられた苗木の土が歳月とともに減っていくので、そこに腐葉土と軽石のようなものを入れてお世話するという作業です。石巻周辺で採れた72種類以上の種はビニールハウスで育てられ、その後、堆肥などを加えながら約2年かけて苗木として成長していきます。

苗木の世話をしている筆者映画『福拾い〜ごみが資源となる〜』撮影中

1つひとつを苗ポットから取り出して、腐葉土を加えていきました。土の中には、充満する根の中にダンゴムシなどの小さな虫が見られ多種多様ないのちが感じられました。それはまるで、小さな地球のようでした。

このようにして、多種多様ないのちに支えられて木が育っていくのです。多様性こそがいのちを守る木となり森となるのです。

作業後には、翌日植樹をする場所へ向かいました。砂地で荒れた土地に土が盛られ、土壌流失を防ぐ炭のようなものが被さっていました。翌日、植林する場所のすぐ横は、高い防波堤が連なり、その先には海が迫っていました。

3・11の時はここ一面が津波で浸食されたのです。さまざまな思いを感じながら、翌日の植林に向けて気持ちが昂（たかぶ）るのを感じました。

その後、植林の進行具合を天津神大龍神宮の宮司であるNPO法人「いしのまき環境ネット」代表理事の齋藤義樹さんから伺い、その後、かごしマンの自動車で宿へ向かいました。震災以来11年ぶりに訪れた三陸海岸は美しく整備されていました。

当時の光景がありありと思い出されました。どこまで行っても何もなくなっていた所に建物が立ち、新たに街並みが生まれていました。

かつての光景との対比にいろいろな思いが込み上げてきて、人の営みも自然の一部なのかもしれないと思っていたら、かごしマンが言いました。

「宮脇昭先生が森の防潮堤を作ると聞いて、やりたいと思いはじめました。山に入ってドングリを拾いましたよ。それから苗木を育ててね。若い木はシカがあっという間に食べてしまうので、シカが届かなくなる高さの木以外は育たない。鳥獣被害は甚大ですね。でもシカたちも結局、天敵がいなくなったからね。その天敵を殺しているのは、とどのつまり人間なんですけどね……」

これらは、人間が森を破壊し、いのちを奪い生態系のバランスを崩しているから起きているのです。

「あれぇ、宿を通り過ぎてしまったみたいだな」

話に夢中になっているうちに目的地を通り過ぎて宿を見失ったのですが、偶然着いたその場所は、震災直後、津波を乗り越えて生還した漁師さんのお話を伺ったところでした。

そこは、震災直後訪れて、天からのメッセージのような衝撃を受けた場所だったのです。

そのメッセージとは、「すべてのいのちが共存共栄できる社会はどうすれば創れるのか？」というものです。それが今、取り組んでいる地球蘇生プロジェクトの出発点だったのです。

11年の歳月を経て、この場所にきた意味を改めて噛(か)みしめました。

宿に着くと、映画『木を植えよ』の上映、そして、私のお話の後に夕飯となりました。

食卓の向かいには「まーちゃんうーぽー」こと三線アーティストの山下正雄さんがいました。彼は、かごしマンと共に長い年月植樹をし続けている方です。

MAKE HAPPYでは、2005年からコロナの直前の2019年9月までの間に、22回も内モンゴルで植林を行っているのですが、そのメンバーのお1人がまーちゃんです。
「砂漠の植林で、最初の頃は遠巻きに見ていた地元の中国人たちも、毎年通っているうちに〝まーちゃん〟と呼んでくれて集まってくるようになったんですよ！」

最初は、砂漠で日本人を疑いの目で見ていた中国人たちが、日本人が毎年のように訪れて木を植えて、その木が育ち森のようになってきた頃から、彼らに対する見方がガラッと変わったのだそうです。

まーちゃんいわく、「いつも中国の公安が監視していたんだけど、ある時、ハエが集って大変な状態になったんです。でもそれに構わず懸命に木を植えていたら公安の人が、おまえたちはすごい！と言って打ち解けてくれたんです。そして、空港まで護衛としてついていてくれて、空港のスタッフにも、こいつらは通してあげて、と言ってく

植樹祭で講演中の筆者

れたのです」

真の平和活動がこの姿勢に表れていると思いました。木を植えることは人間にとっても地球にとっても大切な行為です。それを無償で捧げる姿勢は、民族、国家を超えて人の心を変えることを教わりました。

翌日は、いのちを込めて木と向き合いながら植樹をさせていただきました。「元気に育ってね、ありがとう」と、感謝と愛を伝えながら木を植えました。すると、心の奥から温かいものが流れ「希望」が植わった感覚がしました。

大丈夫だ。すべてはきっとうまくいく!

実際に木を植えると、理屈を超えて将来への希望が湧いてきます。地球の破壊が進み絶望的に見えても、まだまだやれることがある。そして、「木を植えることはいのちを植えること。心に木を植えること」だと気づくのです。

宮脇昭先生の言葉の意味が深く腑に落ちていきました。今、私たちができる地球を蘇らせる第一歩がそこにあるのです。そして、希望の光がその先に見えてくるのです。

〈白い鳥からのお便り35〜　2022年6月17日配信より〉

植樹は、すべてのいのちとのつながりを体感させてくれます。そして、そこに生きるいのちの連携を学ぶことができます。そして人は、お互いが与え合うことで深い幸せを体感できるのです。

与える経済の実践として、小さな食事会からはじめた恩送りですが、恩送りには「与え、そして捧げる」という行為が含まれています。

恩送りに生きると決めた人たち

これまで、恩送り食事会や恩送りフェスタに参加することで皆さんが自然と与える生き方になっていく様子を見せていただきました。与えることでの幸せ感は長く続き、1週間から時には1か月以上も続きます。

恩送りの会では、参加者へお手紙を用意します。封筒に宛名を書き、前回の参加者からのメッセージを中に入れてお渡しします。有志のスタッフから心のこもったプレゼントが用意され、それも一人ひとりへ渡されます。

これには、準備の段階から感動するスタッフも多く、自ずと充実した会が実現します。そういう気持ちで当日の参加者を迎え入れるので、参加者にも自然と感動が伝わり、会場全体が幸福感に包まれるのです。

人体を構成する細胞は分子の集合体です。分子は原子の集合体で、原子は原子核と電子として、最終的にはニュートリノなどの量子になります。この量子は振動していて、この振動が記録され量子真空場となります。

この場が私たちの世界を決定します。この場は与え合い、愛によって成り立つのです。

このイベントの開催には、毎回スタッフや出演者が「何を送れるか？（与えられるか？）」を考え、その準備のために尽くします。

そして当日、イベントに集う人に「捧げる」行為を体験します。これにより、自分の内側が鏡のように澄んで感謝でいっぱいになるのです。その思いは、参加者の皆さんに伝わり、深い感動のかけ橋となります。それは、愛の微粒子を体感するからです。与え与えられ、与え与えられ、という循環が起きるのです。

2019年2月に開催した大阪での恩送りフェスタ、2020年10月に開催した岩手での恩送りフェスタでの開催後にいただいたご感想を幾つかご紹介します。

参加者が受け取った喜びは非常に高いバイブレーションを保ち、与えられる幸せを体感されていたことが伝わってきます。

① すべては波動から成っている。純粋であれば純粋な想いほど波動が上がる。恩送りフェスタに参加できたことに感謝しかありません。フェスタに参加する前にハワイの心理学者、イハレアカラ・ヒューレン博士の「ホ・オポノポノ」を実行していたのですが、白鳥監督との地球への祈りの時の言葉と同じく「ごめんなさい」「許してください」「愛しています」「ありがとう」なんです。本当に、これなんだと思いました。1人だと小さな力でしかないけれど、世界中の人たちとの共鳴によって大きな波動を起こせる。すごいことです。ここに参加できたことに感謝しています。ありがとうございます。

②今日は〝恩送り〟といっても詳しい内容がわからず大丈夫かな、と心配しながらの参加でした。でも、参加したら私の中で何かが動き出す予感がありました。今年からは人のために生きようと決意し、飛び込んだ世界。どんどん愛をもって愛を広げて参ります。

③今日ほど自分が生まれてきたこと、そして、この地球に感謝しようと思ったことはありません。この地球に生まれてよかった！　ありがとうございます。

④時代が大きく変わりつつあることを感じました。変化のベクトルが幸せな地球づくりへと向かうように願うとともに、自身も行動したいと思いました。この機会を与えてくれたすべての存在に感謝します。ありがとうございました。

⑤意識のつながりを感じ、１つひとつの行動の大切さを実感。感謝の日々を送っていたつもりでも、気づくことがいっぱいある。本当にうれしい思いで感謝に

包まれた。自分は何が与えられる？　愛ある言葉、行動のある存在になりたいと思った。丁寧に生きていきたい。いつ死んでもいいと思っていたけれど、いっぱい人に与えてから死にたいと思った。身体と心と魂を1つにして、生きとし生ける存在が健やかに穏やかに過ごすことができるように、できることをやっていきたい。ありがとうございます。

⑥

すべてはつながり、決して消えることはなく、出したものが再び戻る。日々の意識を高め、この人生で出会った皆、自然、動物、微生物、鉱物などと意識を共有し、依存を手放し与える人になりたいです。昔は「損して、得とれ」と祖父がよく言っていました。先に与えることを教えてくれたのだと思います。最近は「損したくない！」が主流の世の中になり、悲しい事件も増えました。与える、という素敵なことを教えてくださって、本当にありがとうございます。

いかがでしょうか？

愛が受け取られ、その愛が次に贈られていく様子を感じていただけたでしょうか？愛、真心が人々の心を動かし和解を生み、調和を生み、幸せ感を胸の奥に体感するのです。フェスタ後も、数々のイベントを通して、今もどこかへ贈られ続けています。

こうした与え合いの連鎖で起きるのは深い感動です。恩送りの活動の根底は愛がベースにあり、自他が1つであることが基準となっています。新しい時代のコミュニティであり、自他同一の経済がはじまっています。

2020 年 10 月に開催された恩送りフェスタ

第 3 回恩送りフェスタ in 大阪に登壇中の筆者

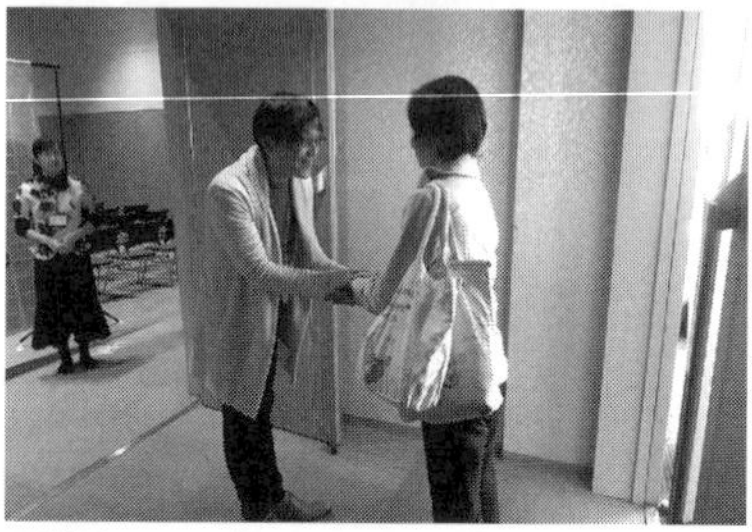

恩送りフェスタで一人ひとりを出迎える筆者

第 4 回恩送りフェスタ in 東北で一人ひとりを出迎える筆者

第6章
大和心が地球を救う

利他の精神を持つＹＡＰ遺伝子

遺伝子が細胞分裂をする際、核のＤＮＡが小さく折り畳まれ幾つかの固まりになって分かれていきます。

この固まりは「染色体」と呼ばれています。この染色体の中に性染色体があり、女性はＸＸ、男性はＸＹと違いがあります。この男性が持つ染色体がＹ染色体と呼ばれ、Ｙ染色体は父から息子に受け継がれていきます。

『ＬＡＳＴ ＨＯＰＥ』の取材を通して「ＹＡＰ遺伝子」について知る機会を得ました。

Ｙ染色体の中でＹＡＰと呼ばれる部位の特徴が見られるのが、チベットやアンダマン諸島、スファラディ系ユダヤ人、日本人のみで、利他的な特徴を示すといわれています。

アリゾナ大学の研究では日本人男性の62・1パーセントの遺伝子に見られる固有の遺伝子であり、縄文から受け継がれてきていて、YAPを持った存在は縄文から広がったそうです。

YAP遺伝子は自分を捨て他人に尽くす遺伝子であり、この遺伝子の持ち主は魂の経験が古く、戦いに疲れ、二元の世界の体験を超えたいという進化を望むからこそ、この遺伝子を選び生まれてきたのです。

この利他の心こそが、大和心の本質であり、究極の自己愛は利他主義そのものなのです。なぜなら、他者が良くなることで連なる自分の意識が進化するからです。

『古事記』に描かれた大国主命（おおくにぬしのみこと）の話に次のようなものがあります。

出雲大社に祀られている大国主命には大勢の兄弟、八十神（やそかみ）たちがいました。ある時、稲葉の国（鳥取県東部）に八上比賣（やかみひめ）という日本一の女神がいると聞いて、兄弟で嫁取りの競争をすることになりました。

しかし、太古のことで途中には道のないところが多いし、宿もない。米、味噌、醤油から、鍋釜、寝具に至るまで、持って行かなければなりません。

そこで、八十神一同で相談して、皆の荷物を大きな袋に入れ、大国主命に運んでもらうように頼むこととしました。大国主命は力持ちだし立派なので、荷物運びの従者のように見せかければ、八上比賣から選ばれることもないだろう、という魂胆がありました。

八十神たちに「旅行道具をひとまとめに背負えるか？」と頼まれます。自分が荷物を背負わなければ、嫁取り競争も取りやめるしかないと聞いて、「よろしゅうございます。お引き受けいたしましょう」と答えます。

こうして大国主命は1人で大きな袋を背負い、八十神たちに従い歩いていきました。その姿はどう見ても従者としか見えないのです。

その後、ワニを騙して島を渡ったことで皮をはがれて痛い目に遭っている兎(うさぎ)が、八十神たちに助けを求めます。すると、八十神たちは言います。

「お前が渡ってきた浜辺で海の水を浴びなさい、それから風の吹く日向(ひなた)で乾かしなさい」

兎は感謝を伝えて、海の水を浴びて泣き苦しみました。すると、そこへ大国主命が遅れて到着します。

「兎さん、どうしたのですか?」

兎は一切を説明すると、大国主命は「すまないことをした。川へ行って水で塩を洗い落とし、日陰で静かに寝てください」と手当をしました。

「大国主命様、あなたは袋を背負い、八十神様の後からついていかれるし、お供としか見えません。でも、あなたこそ、立派な方でいらっしゃる。八上比賣はあなた様をお婿になされるにちがいありません」

そしてその通りに、八上比賣は大国主の想いの深さにお婿に選びました。

このお話は、人の苦労を喜んで背負うことは、将来の自分に多大なる恩恵をもたらす行為であることを表現しています。

深い思いやりこそが大和心の中に含まれているのです。人々がこの大和心を思い出し、貢献を喜びながらできるようになったとき、愛と貢献の社会が浮上するのです。

まさに、愛と貢献への移行の鍵が、大和心にあるのです。

日本人が救ってきた、たくさんのいのち

ＹＡＰ遺伝子を受け継ぐ存在は、すべてのいのちの調和を意図するという稀有な性質を受け継いできています。

１６０９年、千葉県御宿の沖合でメキシコに向かっていたスペイン船サン・フランシスコ号が嵐で座礁します。

船に乗っていた３７３名のメキシコ人が海に投げ出されます。その時に決死の覚悟

で彼らを救ったのが日本の貧しい漁村の住民、海女さんたちでした。

彼女たちは乗組員317名を救っただけではなく、食事や着るものを与え、寒さに震える彼らを素肌で温めて見返りを求めず捧げ尽くしたのです。

それから200年後の明治時代、日本は各国と不平等条約を締結し、辛酸をなめる悔しさを味わいました。

しかし、他国に先駆けて平等の友好条約で結んだ国がありました。メキシコです。メキシコは日本人に救われたことを覚えていたのです。

これは、日本にとって最高の恩返しとなったのです。1978年記念碑周辺に整備されたメキシコ記念公園に当時のメキシコ大統領ホセ・ロペス・ポルティーヨが感謝を伝えました。

1853年には、ロシア使節プチャーチン氏が通商を求めて長崎に来航し、その帰路、下田で大地震が発生し艦艇ディアナ号が座礁して、新艇造船を要する事態となりました。その際、下田の住民は必死でロシア人船員を救い、食べ物や着る物、住む場所を与えました。

それだけではありません。造船場所に船大工が結集して、当時の技術では再建が難しかったにもかかわらず、設計から竣工まで時間をかけて助け、新艇「戸田号」を完成させてプチャーチン氏を祖国へ送り届けました。

これに対して、1992年プチャーチン氏の曾孫が戸田造船郷土資料館を訪れ、感謝を伝えたといいます。

江戸の昔だけではありません。

日本人の大和心を象徴する利他遺伝子は受け継がれてきています。

第2次世界大戦中、当時リトアニア領事代理だった杉原千畝（すぎはらちうね）氏は、1939年ナチスドイツ軍がポーランド侵攻し、ユダヤ系ポーランド人が隣国リトアニアに逃げ込みます。

この時、通過ビザがあれば日本経由で他国へ移住できると考えたユダヤ系ポーランド人数千人がビザを求めて日本領事館を取り囲みました。杉原氏は、ビザの発給を決め6千人ものユダヤ人を国外へと逃がしたのです。

杉原氏が発給したビザは2千132枚と推定されていますが、実際に彼が助けたユダヤ人は約6千人と考えられ、現在ではその子孫は25万人にものぼるといわれています。

当時、リトアニア日本領事館以外にも、多くのユダヤ人がビザ発給を求めて各国の領事館に押し寄せていました。しかし中には高額な手数料を求めたり、「空ビザ」と呼ばれる空査証を発給したりするなど、非人道的な対応を取った外交官もいたようです。

また、リトアニアのソ連併合に伴い、リトアニアにあった各国領事館は次々と閉鎖され、日本の領事館も例外ではありませんでした。こうした情勢の中、杉原氏は可能な限りのビザ発給を行おうと、寝る間も惜しんで渡航許可証を書き続けました。出発する列車の中でも書いて車窓から手渡したともいわれています。

彼のこうした勇気ある行動が、「命のビザ」と呼ばれているのですが、彼は次の言葉を遺しています。

「世界は大きな車輪のようなものですからね。対立したり、あらそったりせずに、みんなで手をつなぎあって、まわっていかなければなりません」

他にも、多くのいのちを救った日本人がいました。

樋口 季一郎中将がその人です。

1938年3月8日、樋口中将は満州国との国境にあるソ連領オトポール駅に、ユダヤ人難民が現れた報告を受けました。

「人道的には救助したい、しかし軍人としての立場を考えると、行動は慎重にならざるを得ない」

結局、自らの失脚も覚悟して救出を決意し、食料や衣服の手配を要請して、部下に指示を与えました。

南満州鉄道には、救出のための特別列車を出すことを取りつけたのです。こうして確保したルートが「ヒグチルート」と呼ばれています。

ユダヤ人難民はオトポールから満州里まで移動し、南満州鉄道に乗車。このルートは、1941年頃まで使われ、2万人以上のユダヤ人難民を救ったといわれています。ユダヤ人難民救出後、ドイツから日本政府へ抗議書が届けられ、関東軍司令部から出頭命令が来ました。そこで対面した東條大将に向かい、樋口中将はこう言ったそうです。

「参謀長、ヒトラーのお先棒を担いで弱い者いじめすることを正しいと思われますか?」

東條大将は、結果的に樋口中将を懲罰せず、事件は鎮静化しました。樋口中将は戦後、東條大将のことを次のように語りました。

「(東條さんは)筋さえ通れば、話のわかる人である」、と。

受け継がれていく大和心

また、駆逐艦「雷（いかづち）」工藤俊作艦長も大和心を体現された方です。

1942年にジャワ島のスラバヤ沖で撃沈された英海軍「エンカウンター」号の乗組員は、自艦から流出した重油の海に浸り、多くの者が一時的に目が見えなくなった状態で、約21時間も漂流しました。

そこへ通りかかったのが、日本の駆逐艦「雷」であり、工藤艦長は漂流者400人以上を救助したのです。

乗組員全員がロープや縄ばしご、竹竿（たけざお）を差し出すと、漂流者たちは、我先にとパニック状態になりましたが、青年士官らしき者が、後方から号令をかけると、整然と順番を守るようになったそうです。

重傷者から順に救う際、彼らは最期の力を振り絞って、「雷」の舷側に泳ぎ着いて竹竿に触れるや、安堵したのか、ほとんどは力尽きて次々と水面下に沈んでいってしまうのです。そこで、乗組員たちは、「頑張れ！」と呼びかけ、また、この光景を見かねて、何人かの乗組員は自ら海に飛び込み、立ち泳ぎをしながら重傷者の体にロープを巻き付けたのです。

こうなると、敵も味方もない同じ海軍軍人です。中には甲板上で「雷」の乗組員の腕に抱かれて息を引き取る者もいました。無事救出された英兵に対しては、体についた重油を雷の乗組員が布とアルコールで拭き取ってやりました。

新しいシャツと半ズボン、靴が支給され、熱いミルクやビール、ビスケットが配られました。

間もなく、救出された士官たちは、前甲板に集合を命じられると、工藤俊作艦長が艦橋から降りてきて救出した乗組員に、端正な挙手の敬礼をしました。工藤艦長は、流暢（りゅうちょう）な英語でこうスピーチしたのです。

「諸官は勇敢に戦われた。今や諸官は、日本海軍の名誉あるゲストである。私は英国海軍を尊敬している。ところが、今回、貴国政府が日本に戦争をしかけたことは愚かなことである」

その後も「雷」は終日、海上の生存者を捜し続け、遠方に生存者を見つけると艦を近づけ救助したのでした。水没したり、甲板上で死亡した者を除いて、午前中だけで404人、午後は18人を救助したのです。駆逐艦「雷」乗組員約150名の3倍近い人数です。

救助された英兵たちは、オランダの病院船に引き渡されました。移乗する際、士官たちは「雷」のマストに掲揚されている旭日の軍艦旗に挙手の敬礼をし、またウィングに立つ工藤艦長に敬礼しました。

工藤艦長は、丁寧に一人ひとりに答礼をしたのです。英国兵のほうは「雷」に向かって手を振り、体いっぱいに感謝の意を表していたそうです。

この逸話は戦後長い間、知られることはなかったのですが、この時救われた乗組員、サムエル・フォール卿著『マイ・ラッキー・ライフ』で明らかにされたのです。戦後、外交官になったフォール卿が定年退職後、1996年に自伝『マイ・ラッキー・ライフ』を上梓し、その巻頭に「元帝国海軍中佐工藤俊作に捧げる」と記したことで知られることになりました。

そして、2003年10月、フォール卿は日本を訪れ、84歳を迎える自身の人生の締めくくりとして、工藤艦長の墓参を行い、遺族に感謝の意を表したいと願いました。しかし、あいにく墓も遺族も所在がわからず、フォール卿の願いは叶えられなかったのです。

その後、『敵兵を救助せよ！』の著者・恵隆之介氏はフォール卿から依頼を受けて、3か月後に、遺族を見つけ出しました。その遺族とは工藤俊作艦長の甥・七郎兵衛氏でした。甥っ子の七郎兵衛氏はこのように言って涙を流したそうです。

「叔父はこんな立派なことをされたのか、生前一切軍務のことは口外しなかった」

武士道に従って己を語らず、黙々と生をまっとうして、静かにこの世を去ったのです。武士道の根底に流れる「生死」を超えた利他精神こそ、大和心なのです。

1890年(明治23年)、トルコの軍艦「エルトゥールル」号が天皇陛下の謁見を済ませて帰路に急いでいましたが、台風のために和歌山県串本町大島沖で座礁します。600名以上の乗組員が海に投げ出されました。

この時、絶体絶命の危機にあった乗組員たちを、夜を徹して救護にあたったのが和歌山県の貧しい漁村の人々です。

食べることにも困っていた人々でしたが、69名の方々を救いあげ、亡くなった人々を埋葬して墓標を立てます。救出した者たちには食事、着る物、住居を与えました。

それから100年後の1985年、イラン・イラク戦争が勃発し、イラクのフセイン大統領はイラン上空の飛行機を打ち落とすと宣言したことで、各国の救出団が自国民を救出しに行きましたが、自国民の救出に現れない国がありました。

それは、日本です。

日本には自衛隊法があり、当時は自衛隊を派遣できず、民間機も危険な区域に航空機を送れないということでテヘラン在住の日本人は絶体絶命の状態にありました。しかし、その時に救出に名乗りを上げた人々がいました。それがトルコの人たちです。トルコの人たちも危機的状況にありましたが、自分たちより先に日本人を助けてほしいと言い、日本人215名が脱出し、いのちが救われることになりました。

大和心は、さらに受け継がれてきています。

1984年パキスタンに赴任した医師の中村哲氏がいます。中村医師は、隣国アフガニスタンから国境を越えて多数の患者が流れてくるのを心痛めてアフガニスタンに診療所を構えます。

そのアフガニスタンで、2001年の歴史的干ばつで9割の家畜が死に100万人が餓死する事態に直面します。

その様子を見て、「水があれば争いがなくなる」と考え、全長25・5キロの用水路「マリクリード」の建設に従事するのです。

ところが、中村哲さんは医師ですから、土木建設の素人です。

しかし、日本に帰るたびに河川工事や治水技術を学び、2003年「緑の大地計画」をスタート。アフガニスタンでは、部族同士の争いが絶えない中、人々は日本人の中村医師の行動に心打たれます。

計画には、パシュトゥン人、タジク人、ウズベク人、ハザラ人など22の部族の600人が関わるようになりましたが、その中には、元米軍の傭兵（ようへい）、タリバン兵もいました。

彼らは民族や立場を超えて1つになり、2010年には7年にも及ぶ建設が終了します。

この水路によって3万5千ヘクタールにも及ぶ田畑が潤い、小麦、トウモロコシなど2万7千トンも収穫が可能となったのです（現在は65万人の生活を支えている）。

これによって、現金収入を得られるようになった住民は、「畑で働けることがうれしい。これでまた家族と一緒に暮らせる」と語ったそうです。

この時期、米軍によるテロ掃討作戦が続きました。その戦火の中、お互いに銃を向け、殺し合ったもの同士が1人の日本人の行動で1つに結びついたのです。

東日本大震災で日本が1つに

2011年3月11日東日本大震災が発生します。

岩手県石巻市のバス停で、香港の夫婦が待っていました。そこへ、JR職員がその夫婦に声をかけ丘の上へ逃げるようにして助けました。

その後、その丘の上にいた日本人家族が2人に食事を与え、肌を寄せ合いながら5泊共に過ごします。

6日後、交通機関の復旧が知らされると、その夫婦におにぎりを持たせて見送ったそうです。

その香港の夫婦はこのような言葉を残しています。

「私は恐怖心から泣いたりしません。彼ら日本人の行動に感動して涙しているのです」

震災の時に、NPO法人MAKE HAPPYのチームが、東日本大震災の発生時、ツイッター（現X）で現地の子どもを持つ母親から必要な物資の要望を受けて、物資とともに石巻に入りました。

しかし、当時は電気が復旧しておらず、道路も建物も真っ暗な状態で、ツイッターで訴えるその主婦がどこにいるかもわからず、手探りな状態で石巻の建物らしき小学校に到着しました。

声をかけても人の気配がなかったので、何度か、声をかけ続けていると、2階から人が現れて「この上で大勢避難しています」と言われたそうです。

ようやく、そこが小学校でその階上で大勢が避難しているのがわかり、物資を下ろし救出活動を開始します。

その時に、暗がりの中で、全国から届けられた救援物資の箱には「日本のみんながついている！」と綴られていました。


MAKE HAPPY代表かごしマンは涙ながらに救援活動をしたとのことです。

震災時には、日本全国が東北の人々のために1つになりました。

この時、東北の人たちの苦しみが自分たちの苦しみのように感じられる、利他の精神、大和心が蘇ってきたのです。


日本人は、他者に尽くすことは自分のためであることを感性で知っているのです。

今こそ、大きな調和のために尽くす魂を目覚めさせ、地球の調和のために尽くすときです。

その行為が世界人類に伝わると、その生き方に感化され、唯物的世界観から脱して、エゴの文明からエヴァの文明へと進化を遂げるのです。

第7章 地球が優良星に向かうために

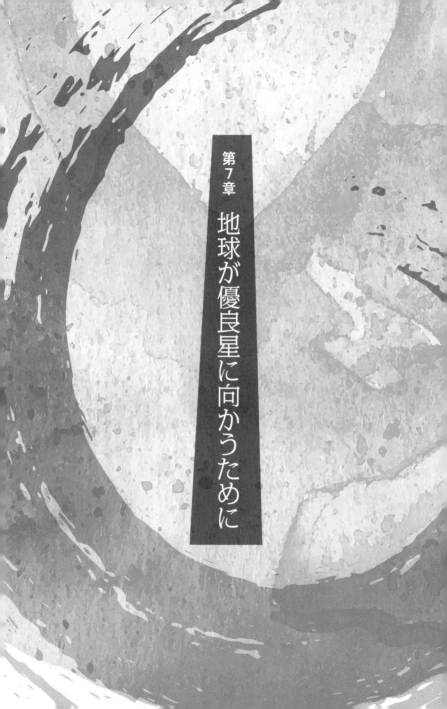

地球人が目指す生き方

船井総研創業者、故船井幸雄氏が紹介された文章があります。これは、宇宙学の研究者である石川美智子さんが長年の研究成果を出版元の「ザ・コスモロジー」で語られていたものです。

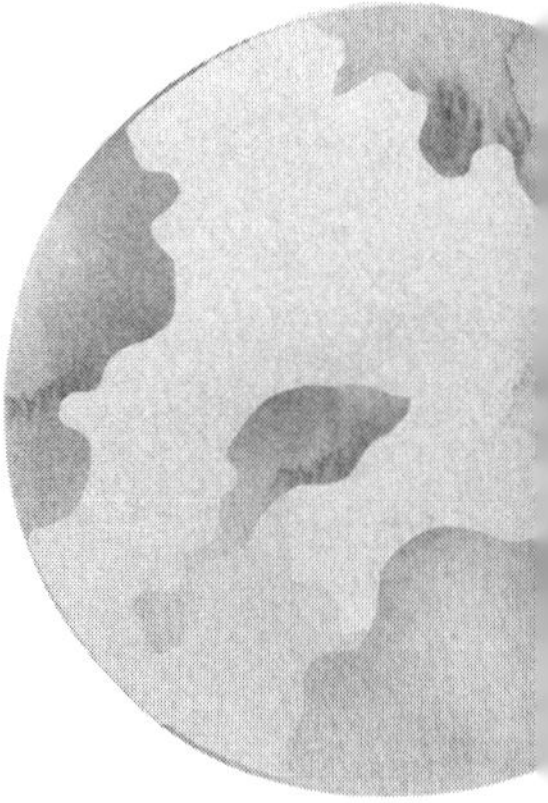

「優良星界人の暮らし」

優良星界人たちは　己自身を知るが故に　必要以上のものを欲せざるなり
常に過不足なく物資は補給され　悉（あら）ゆる物資は
天与の物として大切に使用するが故に　不必要な物の生産は為さざるなり
故に実働時間は僅少（わずか）なり

是（これ）、恒久に恵み有る所以（ゆえん）なり

聖なる大地より得たる生産物は　生産地より加工地へ
加工地より消費地へ　流れの如く運搬されん
人々は無欲の心にて暮らすが故に　唯一人も奢侈（しゃし）に流れる者なく
互いに相手を尊重するが故に　唯一人も驕傲（きょうごう）の心を起こす者なく
互いに相手に信愛を以て尽くすが故に　唯一人も不信の心を起こす者なきなり

人々は唯、相互信頼の基盤のうえに暮らすが故に　通貨・貨幣の必要性なく
盗難の起こる心配もなく　貴金属・宝石類偏重の気風なく
金融機関等無論存在しなきなり

人々は己のみを利する事を慮（おも）わざるが故に
一切の営利事業なく　如何なる法人組織もなく

如何なる労働組合も存在しなきなり

彼等は一なる大神様に対し奉り　絶対の信を措くが故に
宗教等の必要性は何れにもなきなり

恒に感謝の心は暮らしと共に有るが故に
また宜しからぬ願望を懐かざるが故に
神社・仏閣・礼拝堂等何処にも存在しなきなり

彼等は利他愛を以て生くるが故に
道徳・戒律など自他を束縛する何ものものもなきなり
優良星界に於ける教育は是すばらしきなり
なれど是その星に依りて様々なり
其の星、優良星となりて若き場合　学校教育に類似せるものあり

其の星、優良星となりて幾千年も経たれば
既に読書、記憶の必要性殆んどなきなり
其の星、優良星となりて幾万年も経たれば
教育の如き余情すら発見できざるなり

優良星となりて若き星々の住民は　先ず宇宙の理を学ぶなり
次に宇宙科学を学ぶなり

優良星となりて幾千年の星々の住民は　先ず高度な宇宙の理を学び
次に実施にて多くを知るなり

優良星となりて幾万年の星々の住民は　先天的に宇宙の理を知るが故に
暮らしと共に必要なるもの悉く理解するなり

彼等は常に精神感応に依りて為(な)し　高度なる理性と倶(とも)に有る故なり
その理性の源泉は　一なる大叡智(えいち)者に対する　絶対信頼の超意識に基づくなり
故に完全に発達の遂げたる楽園には　既に如何なる教育の必要性も無きなり

彼等優良星人達はその暮らしが学びなり
その暮らしが愉悦なり　その暮らしが楽園なり
その暮らしが愛の実現なり　その暮らしが友への奉仕なり
その暮らしが大神様への功績なり　その暮らしが科学する心なり
その暮らしが生命と共にあり　その暮らしが法則と共にあり
その暮らしが宇宙の理なり

彼等は「宇宙の理」と偕(とも)に在るが故に　己自身に対し強く生き
善悪を超越して正しく生き　笑貌(しょうぼう)を以て明るく生き
信頼と五条の例(うるわ)式真なるが故に　割れなく

競うことの愚かさを知るが故に　宜しからぬ欲心なく
人類皆一体なる真理を悟るが故に　皆仲良く相和して
森羅万象悉く　宇宙創造の大神様より発したる
大愛の波動の変化なるを悟るが故に
無限の感謝と共に暮らすなり

この内容を熟読すると、地球で生きる人間が目指す社会の在り方が見えてきます。この中で現実化しているものはあるでしょうか？　私たち一人ひとりがこの世界を意識して行動しはじめるのは、まさに、今です。

優良星になるための行動をする時です。

お金のいらない世界へ

資本主義は、すべての価値判断をお金に集約させ、人々の思考がお金に執着させることで、全地球を覆い尽くしてきました。

その大元になっているものは、恐怖です。

人々に恐怖を与えることで利潤が生まれ、このシステムの推進者ならびに、その恩恵を受ける者だけがそれを維持するというピラミッド型の支配構造が出来上がったのです。

この構造を推進させているのは〝欲〟です。その欲に火をつける恐怖を煽り、分断させることで広がり続けるのです。

しかし、そろそろ、分断して争い合う世界から卒業する時を迎えています。

また、いのちがつながっていることを常に自覚する生き方、意識の在り方にシフトさせる時です。

そのポイントは恩送りです。与え続けて、贈り続けることです。すると、必ず受け取ります。輪廻を超えて。

今、やった行い（カルマ）は、ご自分が受け取ってどう感じていますか？

ハートは何を感じている？

傷ついている？　痛んでいる？　悲しんでいる？

それとも、喜んでいる？　感動している？　愛にあふれている？

当然、後者の方がうれしいですよね。

それなら、それを贈り続けることです。

愛を、敬意を、感謝を贈るのです。人間、植物、微生物、鉱物、地球そのものへそれが真の恩送りとなります。

恩送りを生きる人々の14万4千人が自らの神性に目覚め、行動し1億人に伝播したときに人類の文明は一気に愛の文明を開いていくでしょう。

愛と恩送りの世界はもうはじまっているのです。

「共生革命家」のソーヤ海（Kai Sawyer）氏は、2012年より〝贈る〟という生き方をはじめました。

ソーヤ氏の活動については短編映画『与え合う世界へ～ギフトエコロジーの実践～』でご紹介しましたが、現在、彼は民家で平和道場を開設し、食・エネルギーの自立を目指し、与え合う共同体の中で学び、精神性を深める活動をされています。

お金のいらない世界へ向けての実験がはじまっているのです。

その中心にあるのは、愛です。

信頼し合い、尊重し合い、他のいのちと地球との共存が目的にあるのです。

このような共同体の動きが各地ではじまっています。それぞれが緩やかに連携し合いながら有機的に機能しはじめると、お金を介さないでも成り立つ世界が成立します。

まずは、恐れを手放して与えることがスタートになります。すると、愛と恩送りの世界が浮上してきます。

そして、今ある技術で地球をよみがえらせ、7世代先までもつながる地球となっていくのです。

おわりに　――光と闇の統合に向けて――

今、世界は分断の極みにあります。

やられたらやり返し、騙されたら騙し返し、傷つけられたら傷つける。

今、世界や日本で起きていることを知ると絶望的になります。人の命を何とも思わないような信じがたいことが、増えてきています。人々は、分離意識の極みにいるのです。

善と悪。光と闇。

光と闇があるならば、闇へ導こうとする者がいる。その者でさえも許し、愛で包み込もうとする場合、どうすればよいのか迷うはずです。すべての分離を乗り越えるには、お互いがつながっていることに気づく必要があります。

すると、内側にその理由が見えてきます。


私たちは、恐怖を与えて利潤を得ることが善であるとする概念の中に生きながら、ハートの声を無視して、〝ビジネス〟をやり続けてきたのです。それが問題の大元に眠っています。


ここから生まれる虚無感は、肉体を離れてからも繰り越されます。このことに気づけると、その選択をすることは自分を痛め、不幸にするということが自ずとわかってきます。

悪徳を積むことは、将来の自分を不幸にします。

将来の自分とは、肉体から離れてから次の人生、その次に続く人生がすべて含まれます。

闇に導こうとする者、闇によって快楽を謳歌する者、その罪の重さは無知から生じています。意識が肉体を離れた将来も続いていることを知らないのです。意識が不滅であることを体感すると悪徳を選ぶことはあり得ません。それが闇をも内包する意識状態となります。そのためには、闇を知り理解することで意識が拡大し霊性が進化していくのです。

自分が出したエネルギーは必ず戻ってきます。

それは輪廻を超えて受け取るということと、自身の出したものを受け取るという絶対的な確信が前提となります。

物質的世界観の中で暮らしていると、死後の世界のことは怖く不安になるものです。

また、死後も意識が存在することを伝えたい場合、どう伝えれば、希望や安心につながるのかという質問をいただいたことがあります。

その答えは、まずは魂を尊重すること。

魂は経験と質によって気づくタイミングも違うので、そこを無視して思いだけで伝えても相手には届きません。ですが、魂を尊重していることが伝わると、相手の受け止め方が変わってきます。

魂を尊重するということは、生と死を超えた考え方で接することです。

今世での理解はここまでだけど、次の生では魂を自覚するようになってほしい、という気持ちで接するのです。

それは言葉だけではなく、魂で波動を受け取っているという視点です。言葉で伝わらない場合は、祈ることで変化が起きるのです。

「ヒーリング」によって意識は変革し、徐々に内側の神聖さに気づけるようになります。

すると、すべての存在を尊重するようになり、争いもなくなり尊び合えるようになります。

神聖さにつながるためには、与えること。エネルギーのすべてを与えきること。恩送りし合うこと。

捧げきると、失うどころか無限の喜びを得るようになります。エネルギーそのものになるからです。

生死を超えて持ち越すのは、与えることで得たエネルギーだけです。

魂の真の満足とは、内なる静寂と輝きとなって表れます。すなわち真我を見出したことから生まれる魂の平安と自信です。

魂の真の満足まで行きつき、真我は何か、魂の目的は何かに気づくには、まず自身の気持ちに気づくことが大切です。

でも、自分の気持ちを無視して周りの要請や「こうあるべき」に合わせてしまったり、大したことではないとスルーしてしまったりすると、気づきにくくなります。

感情を潔斉していくことも大切ですが、そのことを最初に受け止めているのは身体です。

身体の中で感じられない部分、触ってみて冷たかったり、硬くなったりしている箇所に気づくことが大切です。

身体は正直です。掌、胸、足……。

温かみを感じられずに冷たい箇所があるなら、その臓器や身体に関係する感情を閉ざした経験があるのかもしれません。そのことを身体は知っているのです。その滞っている場所に宿る感情を手放せると血液が流れやすくなり温かみを感じるようになります。

そして、全身の血流が良くなり身体が温かくなると、ハートを感じやすくなります。

流れる愛を感じられるようになり、心身がつながりはじめます。

心身がつながると魂の目的に気づくようになります。後は、あふれる思いに従うだけで愛の源が心身を流れるので内側から輝くのです。

まっすぐに自身の魂の目的に向かって進む姿は、まぶしいくらいに輝きます。


以前、肉体を離れようとしている方のヒーリングをした際、ハートチャクラから上のチャクラが大きな光になっている状態を確認したことがあります。

その光の大きさは、将来、その方が受け取るエネルギーの大きさでもあるのです。

その方が他者に尽くし与えたエネルギーの量が光の大きさとなっていました。

その光は、人生の財産そのものです。

それは、「徳」とも言いますが、与えたエネルギーが受け取るエネルギーになるのを垣間見た瞬間でした。

分離意識を乗り越えると、そういうエネルギーと一体化するようになります。

将来受け取ることになる幸せ、豊かさ、その魂にとって必要なものになるのです。

たくさん戦い、戦いに疲れた魂はそのことを知っています。

戦い続けること、騙し続けること、奪い続けることは自分が一番苦しいのです。

それを卒業したい人々がＹＡＰ遺伝子を選んで〝大和心〟を学びにきています。

光と闇の統合……。

大調和の精神に目覚めた人たちが人類の希望となっていきます。

争いのあるところをいのちがけで調和のために捧げることによって、対立が自然と収まっていきます。

この繰り返しによって、やがて人類の集合意識に流れる神性が発動し、最後の一厘の仕組みが動きはじめるのです。

これが最後の希望となるのです。

大和の民よ、目覚めよ。

白鳥 哲

参考文献

『幽体離脱　量子論が〝謎〟を、とく！』（船瀬俊介著　ビジネス社）
『ウブントゥ』（マイケル・テリンジャー著　ヒカルランド）
『コロナマネーと崩壊する世界経済』（ベンジャミン・フルフォード著　かや書房）
『未だ占領下にある日本の是非を問う　日米地位協定を自衛隊元幹部が告発する』（池田整治著　コミックス出版）
『マインドコントロール〜日本人を騙し続ける支配者のビジネス〜』（池田整治著　ビジネス社）
『マインドコントロール2〜今そこにある情報汚染〜』（池田整治著　ビジネス社）
『沈むな！　浮上せよ！　この底なしの闇の国ＮＩＰＰＯＮで覚悟を磨いて生きなさい！（超☆はらはら）』（池田整治著、中丸薫著　ヒカルランド）
『［新装版］十六菊花紋の超ひみつ　日本人ならぜったい知りたいユダヤと皇室と神道』（中丸薫著、ラビ・アビハイル著、小林隆利著、久保有政著　ヒカルランド）

著者プロフィール

白鳥 哲

しらとり・てつ

映画監督・俳優・声優。地球蘇生プロジェクト代表、(株)OFFICE TETSU SHIRATORI代表取締役社長。文学座の俳優としてテレビ、舞台、映画、声優として活動した後、映画監督として活躍(現在は大沢事務所所属俳優)。2005年より地球環境へのアプローチを問う劇場公開映画10作品を発表。地球蘇生プロジェクトのビジョンに則った短編映画23作品を恩送り配信中。映画『祈り』は、ニューヨークマンハッタン国際映画祭グランプリなど国際映画祭で受賞し、劇場上映3年3か月という国内歴代一位のロングランを達成。地球環境を問う連作『蘇生』『蘇生Ⅱ』は、地球環境と人間の関係性、その在り方に迫り、最新作映画『LAST HOPE ～マインドコントロールを解き放つとき～』で、「陰謀論」という名の真実に挑む。展開中の【オンラインサロン〈恩送りコミュニティ〉】では、映画で掲げたビジョンの具現化を推進。2023年11月11日、ガッサン王朝より騎士号(ナイト)の称号を授与される。

【劇場公開映画】
『ストーンエイジ』（2005）『魂の教育』（2008）『不食の時代〜愛と慈悲の少食〜』（2010）『祈り〜サムシンググレートとの対話〜』（2012）『蘇生』（2015）『リーディング〜エドガー・ケイシーが遺した、人類の道筋。〜』（2018）『蘇生Ⅱ〜愛と微生物〜』（2019）『ルーツ〜ヤマトとユダヤが手を合わすとき〜』（2020・中編）『ゼロ・ウェイストPLUS〜持続可能な暮らし〜』（2021・中編）『LAST HOPE〜マインドコントロールを解き放つとき〜』（2023・中編）
【主な出演作品】
◉映画作品『あの頃ペニー・レインと』（主人公ウィリアム役）
◉TV作品『クレヨンしんちゃん』『名探偵コナン』『ゲゲゲの鬼太郎』
◉劇場アニメ『ひるね姫〜知らないワタシの物語〜』『コードギアス　復活のルルーシュ』『鬼太郎誕生ゲゲゲの謎』
【主な著書】
『ギフト』（zエコー出版）、『世界は祈りでひとつになる』（VOICE）、『地球蘇生プロジェクト「愛と微生物」のすべて』（ヒカルランド）、『エドガー・ケイシーの超リーディング』（ヒカルランド）、『魂との約束』（明窓出版）、『自愛は最速の地球蘇生』（ヒカルランド）など。

LAST HOPE

今、“一厘の仕組み”が発動！　お金のいらない愛の世界へ

2024年9月30日　第1版　第1刷発行

著　者　白鳥 哲

編　集　西元 啓子
校　閲　野崎 清春
デザイン　染谷 千秋（8th Wonder）
発行者　大森 浩司
発行所　株式会社 ヴォイス　出版事業部
〒106-0031 東京都港区西麻布 3-24-17 広瀬ビル
☎ 03-5474-5777（代表）
FAX 03-5411-1939
www.voice-inc.co.jp

印刷・製本　映文社印刷 株式会社

ISBN 978-4-89976-575-2